U0504787

江苏电力市场交易培训教材

（初级）

江苏电力交易中心有限公司
江苏电力市场管理委员会 组编

中国电力出版社
CHINA ELECTRIC POWER PRESS

内 容 提 要

为了服务电力市场发展，满足市场主体及有关各方对江苏电力市场化交易学习、培训和实操的需要，培育公平、良好的市场生态，特组织编写本书。

本书介绍了电力市场发展背景及基础理论知识，详述了参加江苏电力市场化交易的应知应会基本知识要点，并对电力市场发展进行了展望。

本书可作为江苏和全国电力市场从业人员技能培训教材，也可供科学研究和高校教学参考。书后所附习题便于读者巩固所学理论知识和提高市场化交易实操技能。

图书在版编目（CIP）数据

江苏电力市场交易培训教材：初级 / 江苏电力交易中心有限公司，江苏电力市场管理委员会组编. —北京：中国电力出版社，2020.12（2020.12 重印）
ISBN 978-7-5198-5168-2

Ⅰ．①江… Ⅱ．①江…②江… Ⅲ．①电力市场–市场交易–江苏–技术培训–教材 Ⅳ．①F426.61

中国版本图书馆 CIP 数据核字（2020）第 222982 号

出版发行：中国电力出版社
地　　址：北京市东城区北京站西街 19 号（邮政编码 100005）
网　　址：http://www.cepp.sgcc.com.cn
责任编辑：孙　芳　郑晓萌
责任校对：黄　蓓　常燕昆
装帧设计：张俊霞
责任印制：吴　迪

印　　刷：北京瑞禾彩色印刷有限公司
版　　次：2020 年 12 月第一版
印　　次：2020 年 12 月北京第四次印刷
开　　本：710 毫米×1000 毫米　16 开本
印　　张：14.5
字　　数：181 千字
印　　数：5001—6500 册
定　　价：98.00 元

前言
PREFACE

近年来，国家大力实施新一轮电力体制改革，在电力市场建设、市场化交易等方面出台一系列重大举措，推动电力行业把握改革发展机遇，全面提升市场化水平。江苏作为全国电力市场化交易规模最大的省份，已经形成了大规模、多周期、多主体的市场格局，市场主体及有关各方关注市场、参与市场的热情持续高涨。

为进一步推动江苏电力市场发展，满足江苏全省市场主体及有关各方对江苏电力市场化交易的学习和培训需求，培育公平、良好的市场生态，江苏电力市场管理委员会组织编写了本书，用于引导市场主体更好地了解市场、学习市场，促进行业良性发展。

本书以电力市场客观规律为依据，以政府相关文件要求为指引，针对本省实际市场环境编写。自 2019 年 4 月～2020 年 9 月，经历一年半时间，完成了书稿的写作、修改及编校等工作。

本系列丛书以"干什么、学什么"为原则，坚持实事求是，兼顾理论性和实用性，重点突出技能实操，在电力市场新技术、新方法、新趋势等方面也有所涉及。本系列丛书以普及电力市场基础知识、帮助电力市场从业人员掌握应知应会要点为目标，可作为技能培训教材使用，书后所附习题便于读者巩固所学理论知识和提高市场化交易实操技能。

江苏电力市场管理委员会

2020 年 10 月

编者的话

《江苏电力市场交易培训教材（初级）》是为了满足江苏电力市场从业人员及有关各方基本培训需求而编写的系列教材之一。通过对本书的学习，可以较全面地了解江苏电力市场，把握主要政策、基本理论和相关知识，熟悉市场注册、交易、合同管理、结算等基本技能要求，是指导从业人员及有关各方开展业务、做好服务等工作的入门级教材。同时，本书在编写期间同步录制了视频课件，制作了动画视频、互动问答游戏等，可与教材结合使用，读者可通过"江苏电力交易中心"微信公众号《交易讲坛》《交易百科》《交易小贴士》等栏目查询。

本书第 1 章主要由江苏协鑫售电有限公司于文姝、江苏苏龙能源有限公司薛丹峰编写；第 2 章主要由中电常熟配售电有限公司吴峥浩编写；第 3 章主要由江苏中天科技股份有限公司冯志阳编写；第 4 章主要由国家能源集团江苏电力有限公司邱启航编写；第 5 章主要由华润电力（江苏）有限公司鞠莉莉编写；第 6 章主要由中国电力科学研究院有限公司邵平编写；第 7 章主要由东南大学王蓓蓓、国电南瑞科技股份有限公司徐帆编写。江苏电力市场管理委员会及秘书处的部分同志也参与了编写及文字复核等工作。全书由江苏电力交易中心有限公司冯迎春主编、范洁副主编，由江苏电力交易中心有限公司蒋宇、华能江苏能源销售有限责任公司姜红军、南京邮电大学付蓉、吴巨爱校稿。

由于编写时间仓促和编者水平所限，书中难免有不足和遗漏的地方，诚请广大读者批评指正。

编　者

2020 年 10 月

目录
CONTENTS

第1章 概　述

1.1　电力体制改革主要政策简介

我国电力体制改革始于 20 世纪 80～90 年代，沿着政企分开、政监分开、厂网分离、主辅分离的方向逐步深化。为贯彻落实党的十八大和十八届三中、四中全会精神及中央财经领导小组第六次会议、国家能源委员会第一次会议精神，解决制约电力行业科学发展的突出矛盾和深层次问题，促进电力行业又好又快发展，推动结构转型和产业升级，新一轮电力体制改革自 2015 年拉开序幕（以下简称本轮电力体制改革）。本轮电力体制改革力争通过进一步深化改革，促进相关企业加强管理、提高效率，引导电网企业合理投资，引导电力用户合理使用电力资源。

1.1.1　国家层面电力体制改革主要政策

自 2015 年 3 月 15 日，国家层面陆续出台一系列文件，明确了本轮电力体制改革的基本架构及具体实施指导意见，相关文件出台时序如图 1－1 所示。

2015 年 3 月 15 日，中共中央国务院印发了《关于进一步深化电力体制改革的若干意见》（中发〔2015〕9 号）（以下简称"中发 9

1

号文")。"中发9号文"的颁布标志了本轮电力体制改革的开始，文件在理顺电价形成机制、完善市场化交易机制、建立相对独立的电力交易机构、推进发用电计划改革、推进售电侧改革、建立分布式电源发展新机制等方面给出了指导意见；明确按照管住中间、放开两头的总体要求，有序放开输配以外的竞争性环节电价，有序向社会资本开放配售电业务，有序放开公益性和调节性以外的发用电计划，推进交易机构相对独立，深化对区域电网建设和适合我国国情的输配电价体制的研究。

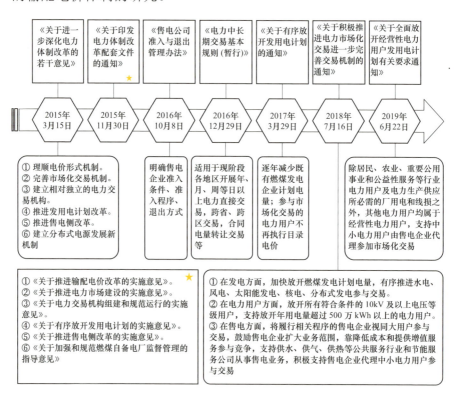

图1-1　国家层电力体制改革主要政策发布时序图

自2002年的电力体制改革实施以来，在党中央、国务院的领导下，电力行业破除了独家办电的体制束缚，从根本上改变了指令性计划体制和厂网不分等问题，初步形成了电力市场主体多元化竞争格局。"中发9号文"发布的主要目的是进一步深化电力体制改革，解决电力行业发展仍存在的一些亟须解决的问题，如市场化交易机制缺失，资源利用效率不高；价格关系没有理顺，市场化定价机制尚未完全形成；政府职能转变不到位，各类规划协调机制不完善；发展机制不健全，新能源和可再生能源开发利用面临困难等问题。

2015 年 11 月 30 日，为贯彻落实"中发 9 号文"，推进电力体制改革实施工作，落实输配电价改革、电力市场建设、售电侧改革等方面的具体工作，国家发展与改革委员会、国家能源局下发《关于印发电力体制改革配套文件的通知》（发改经体〔2015〕2752 号）。配套文件共有 6 个，即《关于推进输配电价改革的实施意见》《关于推进电力市场建设的实施意见》《关于电力交易机构组建和规范运行的实施意见》《关于有序放开发用电计划的实施意见》《关于推进售电侧改革的实施意见》《关于加强和规范燃煤自备电厂监督管理的指导意见》。这 6 个配套文件分别在输配电价改革、电力市场建设、电力交易机构组建、发用电计划的放开、售电侧改革、燃煤自备电厂的监管等方面给出了具体实施意见。

《关于推进输配电价改革的实施意见》的出台有利于建立规则明晰、水平合理、监管有力、科学透明的独立输配电价体系，形成保障电网安全运行、满足电力市场需要的输配电价。

《关于推进电力市场建设的实施意见》在构建相对独立的电力交易机构，搭建电力市场化交易技术支持系统，建立优先购电、优先发电制度，建立相对稳定的中长期交易机制，完善跨省、跨区电力交易机制，建立有效竞争的现货交易机制，建立辅助服务交易机制，形成促进可再生能源利用的市场机制，建立市场风险防范机制等几方面给出了实施意见；明确了市场主体的范围，市场主体包括各类发电企业，供电企业（含地方电网、趸售县、高新产业园区和经济技术开发区等），售电企业（也称为售电公司）和电力用户等，各类市场主体均应满足国家节能减排和环保要求，符合产业政策要求，并在交易机构注册；明确了电力市场分为"中长期市场"和"现货市场"，同时将市场的模式分为"分散式"和"集中式"。

《关于电力交易机构组建和规范运行的实施意见》就电力交易机构组建和规范运行提出实施意见，以推进构建有效竞争的市场结构和市场体系，建立相对独立、规范运行的电力交易机构。

《关于有序放开发用电计划的实施意见》明确了放开发用电计划的总体思路是通过建立优先购电制度保障无议价能力的用户用电，通过建立优先发电制度保障清洁能源发电、调节性电源发电优先上网，通过直接交易、电力市场等市场化交易方式，逐步放开其他发用电计划。在保证电力供需平衡、保障社会秩序的前提下，实现电力电量平衡从以计划手段为主平稳过渡到以市场手段为主，并促进节能减排。

《关于推进售电侧改革的实施意见》明确了售电侧市场主体及相关业务、售电侧市场主体的准入退出流程，并在交易方式、交易价格、信用体系建设等方面给出具体意见。

《关于加强和规范燃煤自备电厂监督管理的指导意见》从市场化环境保护的角度对电力市场中的燃煤自备电厂提出相关的改革方向。

2016 年 10 月 8 日，为有序向社会资本开放配售电业务，贯彻落实"中发 9 号文"和电力体制改革配套文件精神，国家发展改革委、国家能源局印发《售电公司准入与退出管理办法》（发改经体〔2016〕2120 号），明确售电企业准入条件、准入程序、退出方式，为各省制定售电企业准入退出办法提供了依据。

2016 年 12 月 29 日，为加快推进电力市场建设，明确电力市场化交易规则，国家发展改革委、国家能源局印发《电力中长期交易基本规则（暂行）》（发改能源〔2016〕2784 号）。《电力中长期交易基本规则（暂行）》适用于各地区开展年、月、周等日以上电力直接交易，跨省、跨区交易，合同电量转让交易等。国家能源局各派出机构会同地方政府电力管理等部门根据《电力中长期交易基本规则

（暂行）》制订或修订各地电力中长期交易规则。

2017 年 3 月 29 日，国家发展改革委、国家能源局印发《关于有序放开发用电计划的通知》（发改运行〔2017〕294 号），要求加快组织发电企业与购电主体签订发购电协议（合同），逐年减少既有燃煤发电企业计划电量，规范和完善市场化交易电量价格调整机制，明确参与市场化交易的电力用户不再执行目录电价。

2018 年 7 月 16 日，为深化供给侧结构性改革，进一步完善市场化要素配置，推进电力体制改革，国家发展改革委、国家能源局联合出台《关于积极推进电力市场化交易进一步完善交易机制的通知》（发改运行〔2018〕1027 号），明确要求各地应进一步提高市场化交易电量规模，加快放开发用电计划，扩大市场主体范围，积极推进各类市场主体参与电力市场化交易。在发电方面，加快放开燃煤发电计划电量，有序推进水电、风电、太阳能发电、核电、分布式发电参与交易，规范推进燃煤自备电厂参与交易。在电力用户方面，放开所有符合条件的 10kV 及以上电压等级电力用户，支持放开年用电量超过 500 万 kWh 以上的电力用户，积极支持用电量大的工商业、新兴产业、工业园区、公共服务行业等电力用户进入市场，2018 年全面放开煤炭、钢铁、有色金属、建材 4 个行业电力用户发用电计划。在售电方面，将履行相关程序的售电企业视同大用电量的电力用户（简称大用户）参与交易，鼓励售电企业扩大业务范围，靠降低成本和提供增值服务参与竞争，支持供水、供气、供热等公共服务行业和节能服务公司从事售电业务。

2019 年 6 月 22 日，为提高电力交易市场化程度，深化电力体制改革，进一步全面放开经营性电力用户发用电计划，深入学习贯彻习近平新时代中国特色社会主义思想和党的十九大精神，认真落实中央经济工作会议和政府工作报告部署要求，国家发展改革委印发《关于全面放开经营性电力用户发用电计划有关要求通知》（发改运行〔2019〕1105 号），指出经营性电力用户的发用电计划原则上全部放开；除居民、农业、重要公用事业和公益性服务等行业电力用户及电力生产供应所必需的厂用电和线损之外，其他电力用户均属于经营性电力用户；支持中小电力用户由售电企业代理参加市场化交易；对于已按市场化交易规则执行的电量，价格按照市场规则形成。

1.1.2 江苏省电力体制改革主要政策

为落实"中发 9 号文"及相关配套文件等电力体制改革文件要求，推进江苏省电力体制改革，江苏省成立了由常务省长任组长，副省长任副组长，省政府副秘书长与江苏省发展和改革委员会（以下简称"省发改委"）、江苏省能源局（以下简称"省能源局"）、江苏省经济和信息化委员会（以下简称"省经信委"）、国家能源局江苏监管办公室（以下简称"江苏能源监管办"）、江苏省物价局（以下简称"省物价局"）、国网江苏省电力有限公司主要负责人为成员的电力体制改革领导小组，统筹推进江苏省电力体制改革工作。首先开展电力体制专项改革试点，主要以售电侧改革为突破点，具体分工为：江苏能源监管办、省经信委牵头组织编制电力市场建设方案和交易规则；省经信委、江苏能源监管办牵头组建电力交易机构和电力市场管理委员会，组织电力市场运行管理；省发改委、江苏能源监管办牵头开展售电侧改革试点；省物价局牵头开展输配电价改革试点；省经信委牵头开展有序放开用电计划；省发改委牵头开展规范燃煤自备电厂管理专项改革试点。

自 2017 年，江苏省依据国家层面电力体制改革主要政策文件的要求，陆续制定出台了《江苏省售电侧改革试点实施细则》《江苏省电力中长期交易规则（暂行）》《江苏省有序放开用电计划工作方案》《江苏省电力市场建设组织实施方案》等一系列电力体制改革政策文件，相关文件出台时序如图 1-2 所示。由此，江苏省深化电力体制改革的政策体系基本建立。

2017 年 2 月 28 日，国家发展改革委、国家能源局批复《江苏省售电侧改革试点方案》（发改办经体〔2017〕343 号），同意江苏省开展售电侧改革试点。

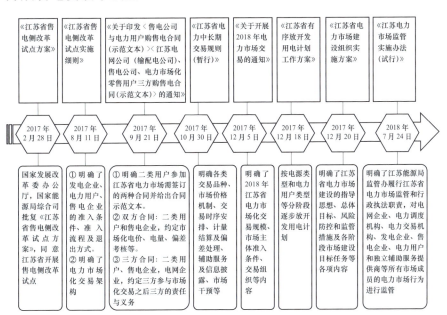

图 1-2　江苏省电力体制改革主要政策发布时序图

2017 年 8 月 11 日，省发改委、江苏能源监管办印发《江苏省售电侧改革试点实施细则》（苏政办发〔2017〕110 号）。该细则明确了江苏省电力市场发电企业、电力用户、售电企业的准入条件、准入流程及退出方式；明确了江苏省电力市场的交易方式、交易要求、交易价格、结算方式等方面的架构。此外，还明确了 2017～2018 年为江苏省售电侧改革的起步培育期，培育售电企业参与市场；2019～2020 年为江苏省售电侧改革的推广建设期，形成比较成熟、可复制的售电改革模式；2020 年之后进入全面提升期，逐步形成较为完整的市场化交易体系和有效竞争的市场结构，有效引导电力生产、消费和投资。

2017 年 9 月 21 日，江苏能源监管办下发《关于印发〈售电公司与电力用户购售电合同（示范文本）〉〈江苏电网公司（输配电公司）、售电公司、电力市场化零售用户三方购售电合同（示范文本）〉

的通知》。该通知提供了售电企业在开展电力用户直接交易工作时参照使用的合同模板；指出电力市场化零售用户参加江苏省电力市场需要签订两份合同：一份是与售电企业签订的《售电公司与电力用户购售电合同（示范文本）》，另一份是与售电企业、电网企业签订的《江苏电网公司（输配电公司）、售电公司、电力市场化零售用户三方购售电合同（示范文本）》。

2017 年 10 月 30 日，江苏能源监管办与省经信委、省能源局、省物价局等部门联合制定印发了《江苏省电力中长期交易规则（暂行）》（苏监能市场〔2017〕149 号）（以下简称"中长期交易规则"）。"中长期交易规则"是江苏省电力市场交易业务的操作手册，在江苏省电力市场尚未开展现货交易的情况下，结合江苏省实际，规范并整合电力直接交易，跨省、跨区交易，抽水蓄能电量招标交易，合同电量转让交易，辅助服务补偿（交易）机制等各类交易品种，明确各类交易品种分别对应的交易周期和交易方式，规定市场价格机制、交易时序安排、执行、计量结算及合同电量偏差处理、辅助服务，以及信息披露、市场干预等内容。

2017 年 12 月 5 日，省经信委印发《关于开展 2018 年电力市场交易的通知》（苏经信电力〔2017〕890 号），明确了 2018 年江苏省电力市场化交易规模、市场主体准入条件、交易价格及交易组织等内容，标志着售电企业可以正式参与江苏省电力市场，代理电力用户参与电力市场化交易。

2017 年 12 月 18 日，省经信委印发《江苏省有序放开发用电计划工作方案》（苏经信电力〔2017〕916 号），明确了在保证电力供需平衡和社会秩序稳定的前提下，通过建立优先购电、优先发电制度，保障无议价能力用户用电，保障清洁能源、调节性电源发电优先上网。综合考虑电源结构、电价水平、市场基础等因素，按电源类型和电力用户类型等分阶段逐步放开发用电计划。通过 3～5 年的时间，逐步放开竞争性环节电量，推动优先发电计划逐步市场化，完善辅助服务交易机制，基本放开除优先购电权以外的所有用电量。

2017年12月20日，省经信委印发《江苏省电力市场建设组织实施方案》（苏经信电力〔2017〕915号），该方案是江苏省电力市场化交易业务的纲领性文件，明确了江苏省电力市场建设的指导思想、总体目标、风险防控、监管措施及各阶段市场建设目标任务等各项内容。其中，2017～2019年为第一阶段，有序放开发用电计划、竞争性环节电价和配售电业务，2018年放开发电量计划2000亿kWh左右，2019年放开发电量计划3000亿kWh左右；2020年为第二阶段，扩大资源优化配置的范围，完善市场化交易机制，建立电力现货市场化交易体系，放开发电量计划4100亿kWh左右；2021年进入第三个阶段，进一步放开优先发电、优先购电计划，完善辅助服务和现货交易机制，丰富交易品种，推进市场自我发展与完善。

2018年7月24日，江苏能源监管办、省经信委联合印发了《江苏电力市场监管实施办法（试行）》（苏监能市场〔2018〕74号），明确了江苏能源监管办履行江苏省电力市场监管和行政执法职责，对电网企业、电力调度机构、电力交易机构、发电企业、售电企业、电力用户和独立辅助服务提供商等所有市场成员的电力市场行为进行监管。

2018年10月26日，江苏省工信厅办公室印发《关于开展2019年电力市场交易的通知》（苏工信电力〔2018〕2号），明确江苏省2019年电力市场化交易规模，电力用户准入采用负面清单方式予以公布。

2018年10月29日，江苏能源监管办发布《关于做好2019年电力市场化交易注册绑定有关工作的通知》（苏监能市场〔2018〕101号），要求简化三方合同要求，简化业务办理手续，优化提升服务水平，加强事中、事后监管。

2019年9月3日，江苏电力交易中心有限公司印发《关于开展2020年度售电公司与市场化存量用户绑定工作的通知》（苏电注册公告 2019－19 号），明确规定了自 2019 年 9 月 9 日起开展 2020 年度售电企业与已参与 2019 年江苏省电力市场存量电力用户的绑定工作，明确指出绑定流程按照先线上交易平台绑定、后线下供电营业厅三方服务协议签订的方式进行。

2019 年 11 月 20 日，省发改委、江苏能源监管办联合印发《关于开展 2020 年电力市场交易的通知》（苏发改能源发〔2019〕1068 号），明确规定了 2020 年江苏省电力市场电力用户的准入条件为已参加 2019 年电力市场化交易的电力用户及符合条件的 5G 基站用户；2020 年江苏省电力市场化交易规模约为 3150 亿 kWh；偏差电量结算与考核周期调整为月结月清。

1.2　全国交易体系及业务开展情况

按照"中发 9 号文"确定的"三放开、一独立、三加强"的改革框架，遵循 6 个配套文件的精神，2016 年 3 月 1 日，北京电力交易中心（负责国家电网公司经营区域）和广州电力交易中心（负责中国南方电网有限责任公司经营区域）正式组建，到 2017 年全国各省都先后成立了省电力交易中心，全国交易体系已经初步建立。依托北京电力交易中心和广州电力交易中心，各省（区、市）电力交易中心逐步完善市场化交易机制、理顺价格形成机制、促进清洁能源消纳和能源资源大范围配置，不断推进电力市场化交易规模，充分释放改革红利。

1.2.1　国家电网（有限）公司经营区域内电力市场开展情况

2016 年，国家电网公司经营区域内 25 个省（区、市）的 15 000 多家电力用户参与了电力直接交易，通过北京和各省电力交易中心交易平台，实现省间、省内电力直接交易电量分别超过 250 亿、4700 亿 kWh，总规模同比增长 160%，平均降低电力用户购电价格约 0.06

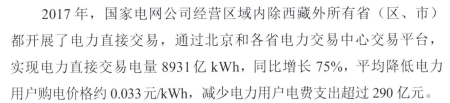

元/kWh，减少电力用户电费支出超过 300 亿元。

2017 年，国家电网公司经营区域内除西藏外所有省（区、市）都开展了电力直接交易，通过北京和各省电力交易中心交易平台，实现电力直接交易电量 8931 亿 kWh，同比增长 75%，平均降低电力用户购电价格约 0.033 元/kWh，减少电力用户电费支出超过 290 亿元。

2018 年，国家电网有限公司经营区域内电力直接交易电量为 12 257 亿 kWh，同比增长 37.1%，平均降低电力用户购电价格约 0.030 1 元/kWh，减少电力用户电费支出超过 373 亿元。北京电力交易中心交易平台注册售电企业已超过 3200 家，各交易平台注册市场成员达 7.8 万家，多买多卖市场格局基本形成。在此基础上，国家电网有限公司经营区域内 25 家电力交易机构启动股份制改造，并在 20 个省组建成立了市场管理委员会，为市场主体搭建公开透明、功能完善的电力交易平台。北京电力交易中心组织市场主体进行的 2019 年度省间电力交易申报，总体规模达 2490 亿 kWh 新高，同比增长 140%。

2019 年，国家电网有限公司经营区域内各电力交易中心市场化交易电量为 20 872 亿 kWh，同比增长 27.6%；电力直接交易电量为 16 122 亿 kWh，同比增长 30.5%；降低电力用户用电成本 469 亿元，持续释放改革红利。省间交易电量完成 10 619 亿 kWh，同比增长 8.2%；其中省间市场化交易电量为 4931 亿 kWh，同比增长 40.1%。2019 年，省间清洁能源消纳 4601 亿 kWh，同比增长 3.9%；其中，水电省间外送电量完成 3157 亿 kWh，同比增长 0.3%；新能源省间外送电量完成 880 亿 kWh，同比增长 21.8%。

1.2.2 中国南方电网有限责任公司经营区域内电力市场开展情况

2016～2018 年，中国南方电网有限责任公司经营区域内电力市场化交易规模迅速扩大，市场化交易比重逐年攀升。其中，省内市场化交易电量由 2016 年的 1519 亿 kWh 增至 2018 年的 3380

亿 kWh，市场化交易电量份额由 2016 年的 18% 提升至 35%；2018 年，中国南方电网有限责任公司经营区域省内市场化交易电量为 3380 亿 kWh，同比增长 26.1%，电力用户侧平均降价幅度为 0.084 元/kWh，为电力用户降低用电成本 285 亿元。3 年来，省内市场化交易累计减少电力用户电费支出约 673 亿元。

目前，南方五省（区）市场主体数量达 2 万户，省内市场化交易电量占比达 35%，同比增长 7 个百分点。同时，广州电力交易中心充分发挥大平台资源配置优势，西电东送电量再创新高，达 2175 亿 kWh，超年度计划 224 亿 kWh，其中清洁能源占比达 86.1%；云南弃水电量大幅度减少了 115 亿 kWh，广西实现零弃水。此外，中国南方电网有限责任公司经营区域内（以广东省起步）电力现货市场成为全国唯一进入试运行的电力现货市场。

1.3 部分省（区、市）电力市场开展情况

1.3.1 安徽省电力市场开展情况

安徽省有 400km 沿江城市群和皖江经济带，是长三角的重要组成部分，处于全国经济发展的战略要冲和国内几大经济板块的对接地带。2019 年，安徽省全年全社会用电量约为 2300 亿 kWh。

安徽省自 2010 年在全国首批开展电力直接交易试点以来，开拓创新，规范有序推进电力直接交易不断向前。2016 年安徽电力交易中心组建，2017 年售电企业首次参加电力直接交易。

2018 年，安徽电力交易中心完成交易电量 1598 亿 kWh，电力市场化交易电量 658 亿 kWh，其中电力直接交易电量 580 亿 kWh，同比增长 5.5%，占全社会用电量的 27.2%，降低电力用户用能成本 32.74 亿元。电力市场主体数量增长至 5348 家，其中发电企业 27 家、售电企业 190 家、电力用户 5131 家。

2019 年，安徽省年度双边交易电量 760 亿 kWh，年度集中交易电量 5.44 亿 kWh，但月度集中交易电量比前两年大幅度下降至 21.98 亿 kWh，年度长协电量占比提升至 97.2%；2019 年，直接交易电量的总规模增长了 35.8%。

安徽省允许电力用户以部分电量参与直接交易，对电力用户实际用电量超过直接交易合同电量的部分，则按目录电价核算，同时按规定执行偏差考核。

1.3.2 浙江省电力市场开展情况

浙江省东临东海，南接福建省，西与安徽省、江西省相连，北与上海市、江苏省接壤。2019 年，浙江省全年全社会用电量约为 4700 亿 kWh。浙江省电力中长期交易市场开展较晚，是全国先设计现货市场，再设计中长期市场的典型代表。

2016 年，浙江省报送《浙江省售电侧改革试点方案》《输配电价改革试点方案》至国家发展改革委、国家能源局审批，并被复函同意；紧接着浙江省成立了电力交易机构，完成了输配电价测算并报送国家发展改革委审批。2016 年，浙江省积极扩大电力直接交易规模和范围，先后开展了两批直接交易，直接交易电量 747 亿 kWh，减少企业用电成本约 41.76 亿元。2017 年，浙江省印发了《浙江省电力体制改革综合试点方案》，并提出建立以电力现货市场为主体、电力金融市场为补充的省级电力市场体系。2019 年 5 月 30 日，浙江省电力现货市场启动模拟试运行。浙江省电力现货市场包括日前市场和实时市场，初期主要面向浙江省统调电厂、110kV 及以上大用户、售电企业，以 30min 为结算周期，发电侧采用节点电价，电力用户侧采用统一加权平均电价，通过电能量市场与辅助服务市场联合出清，保障市场出清最优化。

2020 年，浙江省安排电力直接交易电量 2000 亿 kWh。其中，普通电力直接交易电量 1700 亿 kWh，售电市场化交易电量约 300 亿

kWh。普通电力直接交易即采用发电企业平台集中竞价的模式；发电企业平台集中竞价实行六段式报价，每段电量不超过其参与普通电力直接交易电量的20%，报价价格逐段递增。统调公用燃煤、燃气发电企业、核电机组和燃煤自备电厂均可参与市场，燃煤基准价格为412.3元/MWh；省外来电主体参与普通电力直接交易，以落地电价作为参考基准进行报价；对浙江省内发电企业参与直接交易电量不设限。

1.3.3 广东省电力市场开展情况

广东省作为始终走在改革开放前沿的省份，其电力市场也是全国最活跃的省级电力市场，目前已建成较为成熟的双边协商、集中竞价、挂牌交易和发电权转让等各类市场化交易衔接的中长期交易品种。经过多年的发展，广东省电力市场已成为全国电力市场改革的样本。

远早于"中发9号文"之前，广东省电力市场化交易在2005年就已拉开帷幕。2004年4月，国家电监会、国家发展改革委联合下发的《电力用户向发电企业直接购电试点暂行办法》（电监输电〔2004〕17号）提出，在具备条件的地区，开展大用户向发电企业直接购电的试点。2005年，广东省经济和信息化委员会与国家能源局南方监管局开始主导在台山进行小规模电力直接交易试点。2006年，广东省正式启动了台山的电力直接交易试点工作，由台山电厂与当地六家企业直接交易，年直接交易电量约为2亿kWh，让利空间为0.09～0.12元/kWh。

2013年8月，广东省经济和信息化委员会、广东省发展和改革委员会和广东省物价局联合印发直接扩大试点工作方案。同年9月1日，广东省启动全省电力直接交易试点工作。2013年9～12月，共112家省内大型工业企业与发电企业参与电力直接交易，累计签订约23亿kWh的直接交易电量。2013年12月，广东省开展了全国第一

场线下电力集中竞价交易，完成交易电量约为 5 亿 kWh。

2014 年，广东省首次月度集中竞价完成，全年市场化交易电量为 155 亿 kWh；2015 年 3 月，首次线上集中竞价完成，全年市场化交易电量扩大至 227 亿 kWh。

2015 年 11 月，广东省成为首批获得国家发展改革委批复的售电侧改革试点。2016 年 3 月，广东省的集中竞价交易首次引入售电企业作为新的市场参与主体；售电企业的加入，为其他未能进入电力市场的企业提供了间接参与市场的机会。

2017 年 1 月，国家能源局南方监管局联合广东省经济和信息化委员会、广东省发展和改革委员会印发了《广东电力市场交易基本规则（试行）》和《广东电力市场监管实施办法（试行）》，明确了市场化交易的参与主体、交易方式、价格机制等。

2018 年，广东省市场化交易总成交电量为 1705.8 亿 kWh。其中，一级市场（年度双边协商、年度集中竞争、月度集中竞争）总成交电量为 1572.1 亿 kWh，同比增长 35.9%。

广东省在 2018 年年底前实现了现货试运行。目前，正在试运行中的广东省电力现货市场将补充日前、实时集中竞价以填补现货交易的空白，构建更加完整的市场体系。

1.4 江苏省电力市场开展情况

1.4.1 电网结构简介

江苏省位于东部沿海、长江中下游地区，面积为 10.72 万 km^2，人口数量为 8051 万人，现设 13 个地级市。

1. 省内网架特点

基于长江分隔南北、东部直接面海的地理特点，经过多年发展，江苏电网形成了"北电南送、西电东送"的格局及"六纵六横"的

500kV 骨干网架结构。江苏省目前共有 10 条过江通道，最大输送功率为 1800 万 kW；共建有特高压直流换流站 3 座，特高压交流变电站 3 座；500kV 变电站 63 座，500kV 输电线路 239 条；担负着区域及省际电力交换、骨干主力电源接入及重要城市供电、地区电网主要支撑电源的作用。

2. 对外连接情况

江苏电网地处华东电网腹部，东连上海市、南邻浙江省、西接安徽省。现由 10 条 500kV 省际联络线分别与上海市、浙江省、安徽省相连；3 条 500kV 线路与山西省阳城电厂相连；1 条 500kV 直流线路与三峡电厂相连；1 条 800kV 特高压直流线路与四川省锦屏电厂相连；1 条 800kV 特高压直流线路与华北电网相连；1 条 800kV 特高压直流线路与东北电网相连；2 条 1000kV 特高压交流线路与安徽电网相连；2 条 1000kV 特高压交流线路与上海电网相连。

3. 区外通道情况

（1）山西省阳城电厂（2001 年投产）通过 3 回 500kV 线路向江苏省以点对网的形式送电，最大输送功率为 300 万 kW。

（2）三峡水电通过 ±500kV 龙政直流输电工程于 2003 年投运，向江苏省送电，落点在常州政平，最大输送功率为 300 万 kW。

（3）四川省锦屏的西南水电通过 ±800kV 锦苏特高压直流输电工程向江苏省送电，落点在苏州同里，最大输送功率为 720 万 kW。

（4）±800kV 雁淮特高压直流输电工程于 2017 年 6 月投运，起点在山西省雁门关，落点在江苏省淮安，最大送电能力为 800 万 kW，目前最大输送功率已超过 400 万 kW（2019 年 6 月 26 日 15:45 为 486 万 kW）。

（5）±800kV 锡泰特高压直流输电工程于 2017 年 9 月投运，起点在内蒙古锡林郭勒盟，落点在江苏省泰州，最大送电能力为 1000 万 kW，目前最大输送功率已超过 200 万 kW（2020 年 3 月 19 日为 274 万 kW）。

（6）2条1000kV特高压交流线路与安徽电网相连。

（7）2条1000kV特高压交流线路与上海电网相连。

（8）另有±800kV白鹤滩—苏州特高压直流输电工程正在规划中，预计在2022年投运；±800kV彬长—徐州特高压直流输电工程规划在"十四五"末期投运。

江苏省主要跨省、跨区购电通道如图1-3所示。

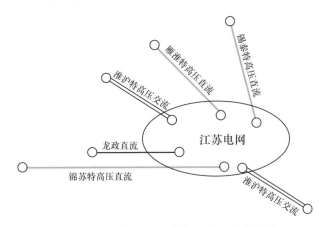

图1-3 江苏省主要跨省、跨区购电通道

4. 全社会用电量规模

2019年，江苏省全社会用电量为6264亿kWh，同比增长2%；迎峰度夏期间全省最高用电负荷为10 716万kW，同比增长2%，创历史新高，是国家电网系统内首个用电负荷连续4年突破1亿kW的省级电网；全年由区外来电的购入电量为1243亿kWh（其中清洁能源发电量为550亿kWh），占全省用电量的20%。

1.4.2 电源结构简介

1. 发电装机结构

截至2019年年底，江苏省省内总发电装机容量为13288万kW，同比增长631万kW。发电装机以火电为主，其中燃煤发电装机容量为8028.45万kW（占比60.42%，2015年占比75.6%），燃气发电装机容量为 1603.7 万 kW（占比 12.07%），核电装机容量为 437.2 万 kW（占比 3.29%）；另有抽水蓄能 260 万 kW。近几年新能源装机快速提升，装机总容量达 2732.51 万 kW（占比 20.56%），其中包括风电 1041.04 万 kW、光伏发电 1485.54 万 kW。

2. 发电侧市场力

江苏省省内发电企业市场主体多元，发电侧市场力比较分散，无市场份额占据绝对优势地位的单独发电集团。其中发电装机容量份额最高的为江苏省国信集团（截至 2019 年年底，装机容量占全省装机份额的 10.65%），其他发电集团所占的份额均不足 10%。

3. 发电量与利用小时数

2019 年，江苏省省内发电量为 5262 亿 kWh，居全国省份第 2，同比增长 0.62%。江苏省 30 万 kW 及以上统调发电机组全年平均利用小时数为 4463h（同比下降 291h），其中 100 万 kW 级机组为 4706h（同比下降 441h），60 万 kW 级机组为 4763h（同比下降 185h），30 万 kW 级机组为 3576h（同比下降 150h）。

截至 2020 年年初，参与江苏省省内电力市场化交易的为绝大部分的燃煤发电机组（装机容量约为 7250 万 kW）、江苏省核电及山西省阳城电厂的部分发电量，参与市场化交易的合同电量已占所有统调燃煤发电机组全年发电量的 95% 以上。

1.4.3　江苏省电力市场发展情况

自 2012 年以来，江苏省电力市场建设取得了明显成效，电力直接交易规模持续扩大，售电侧市场稳步放开，对准入用户实现 10kV 及以上工业和一般工商业的全覆盖；市场化交易活跃，直接交易的电量规模、参与用户的数量均位居全国前列；新开月内增量、转让交易，开发应用连续挂牌交易模块，实现中长期交易模式和年度、月度、月内交易的有效衔接，组织华东地区首次电能替代打包交易、江苏省首次通过跨省、跨区消纳西北新能源替代火电发电权交易。

2017～2020 年，江苏省市场化交易规模连续 4 年保持全国最大。

自 2012 年国家批复试点大用户与发电企业直接交易开始，江苏省新增了电力用户（110kV 及以上）为电力市场主体，电力用户与发电企业直接交易规模从 2012 年的 10 亿 kWh 增加至 2017 年的 1350 亿 kWh（占全省用电量的 23.24%）。2018 年，国家批复实施售电侧改革，又新增了售电企业为电力市场主体，同时将电力用户准入门槛降低为 10kV 及以上工商业用户，2019 年江苏省市场化交易规模超过 3000 亿 kWh。

2016 年，江苏省直接交易规模达 595 亿 kWh，参与直接交易的电力用户达到 1066 家，覆盖全省多家大型工业企业、战略新兴和高新技术企业，节约电力用户购电成本约 15 亿元。

2017 年，江苏省直接交易规模扩大到 1300 亿 kWh 以上，节约电力用户购电成本约 30 亿元。

2018 年，江苏省省内直接交易电量占全省全社会用电量的比例超过 30%，按照全年省内直接交易成交电量 1951 亿 kWh 计算，江苏省企业电力用户的用能成本总量将减少约 36 亿元。

2019 年，江苏省直接交易累计成交电量 3085 亿 kWh，加权均价让利约 2.5 分/kWh。

1.4.4 市场主体的培育与培训

在电力市场化交易品种不断丰富，规模不断扩大的同时，江苏省电力市场通过培育与培训市场主体、强化市场监管、做好交易组织，有效支撑了电力市场的有序发展。

1. 开展市场主体的培育与培训工作

政府主管部门、电力交易机构积极重视市场主体的培育与培训。通过多渠道、多形式组织开展培育与培训工作：组织高校、行业专家集中编写《江苏电力市场交易培训材料》；录播讲课视频；以现场方式组织开展市场主体注册、交易规则、电费结算等相关内容的培训；通过电力交易中心服务大厅提供各市场主体常态化的咨询服务；通过电力交易中心微信公众号，以丰富的多媒体形式制作、发布培训小视频。通过多项市场培育与培训工作的开展，提升了市场主体对电力市场规则的了解程度，为全省电力市场化交易的开展与发展奠定了良好的基础。

2. 提升市场主体对合同偏差的认知与处理能力

政府主管部门、电力交易机构对售电侧市场的偏差电量考核采取循序渐进的方式，不断提升市场主体对合同偏差的认知与处理能力。其中，一方面确定合适的用电量偏差范围。在 2017 年编制《江苏省电力中长期交易规则（暂行）》时，将用电量偏差范围确定为超过±3%以外的部分，并分超过±10%、±20%两档确定偏差电量费用；另一方面给予市场主体适当的过渡期。在偏差电量费用的具体结算中，从售电侧市场化交易的首年（2018 年）起用 3 年时间，从"月结年清"（按年度用电量有超过±3%以外部分为最终需要承担的偏差电量费用）、"月结季清"（按季度用电量有超过±3%以外部分为最终需要承担的偏差电量费用），过渡到"月结月清"（按月度用电量有超过±3%以外部分为最终需要承担的偏差电量费用）。

1.5　全国统一电力市场化交易体系的建设

按照"中发 9 号文"精神，市场化交易规模不断扩大，现货市场试点加速推进，电力市场建设已进入深水区，需要对全国统一电力市场的模式、规模、交易品种及配置方式等做更为系统、深入、细致的设计。经过多年市场建设，国家电网有限公司初步形成"统一市场，两级运作"的市场架构，并有效运营，实现了初期目标，即在统一电力市场框架下开展全国各级、各省电力市场建设；实现省间电力市场和省内电力市场的两级协调运营。

市场范围取决于电网运行优化的能力，我国跨省、跨区电网输电能力已达 2 亿 kW 左右，具备全国范围配置的能力。省间资源配置规模巨大，2018 年上半年省间交易电量为 4332 亿 kWh，同比增长 14.5%。为了充分发挥大电网的作用进行集中优化，电力市场交易可以从分层开展向逐步融合的方式推进。省内、省间交易结构如图 1-4 所示。

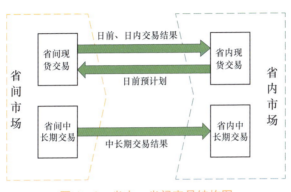

图 1-4　省内、省间交易结构图

1.5.1　统一市场

全国统一市场建设方案从我国国情出发，适应电力市场建设和清洁能源消纳需要，聚焦市场模式、市场空间、交易品种和配置方式，充分发挥资源在市场配置中的决定性作用。

统一市场建设对全国统一电力市场体系的市场形态、电量空间、体系结构、全范围配置进行研究设计，通过"三统筹、三提升"（即统筹省间交易与省内交易、中长期交易与现货交易、市场化交易与电网运营，提升可再生能源消纳水平、市场透明开放程度、市场风险控制能力），到 2019 年省间市场基本实现市场化运营，到 2020 年省间市场和 8 家现货试点省内市场全部实现市场化运营，可再生能源消纳达到国家确定的目标。

在市场形态方面，在现有电能交易的基础上，增加辅助服务、发电权及合同、可再生能源配额证书等交易品种，增加抽水蓄能电站、电能替代交易及蓄能用户等交易主体，并对原有的省间和省内中长期交易品种进行规范和完善，形成涵盖多交易品种的市场形态。

在电量空间方面，在现有直接交易、外送交易等市场化交易电量空间的基础上，进一步将优先发电计划、配额交易等纳入市场中，形成全电量参与的市场格局；结合清洁能源消纳需求，设计清洁能源在全电量空间参与市场化交易、实现充分消纳的模式与机制。

在体系结构方面，在现有中长期交易的基础上，增加现货交易，在交易周期上形成全时段的交易。在交易流程上，进一步设计涵盖交易全过程、全环节的业务流程和各部门的职责界面、协作模式。

在资源配置方面，在现有省间配置为主的基础上，进一步明确省间和省内市场的功能定位，强化能源资源在省间和省内全市场范围的配置。

在统筹省间交易与省内交易方面，进一步明确包含现货交易的情况下省间和省内交易定位，设计省间交易和省内交易在组织时序、市场空间、偏差处理、安全校核和网络阻塞管理等方面的统筹衔接方式和流程。

在统筹中长期交易与现货交易方面，分省间交易和省内交易，设计中长期交易、现货交易在时间界面、交易方式等方面的统筹衔接方式和流程。

在统筹市场化交易与电网运营方面，设计市场化交易与电网企业调度、财务、营销、发展等专业，在交易运营、安全校核、计划安排、交易结算等方面的统筹协调界面和流程。

1.5.2　两级运作

在交易时序、市场空间、安全校核及网络阻塞管理和偏差处理环节形成省间交易与省内交易衔接的模式。

交易时序：中长期交易中省间交易早于省内交易开展；现货交易中首先在省内形成省内开机方式和发电计划的预安排，在此基础上组织省间日前现货交易。

市场空间：省间交易形成的量、价等结果作为省内交易的边界，省内交易在此基础上开展。

安全校核及网络阻塞管理：按照统一调度、分级管理的原则，调度在交易组织前提供可用输电能力（available transfer capability，ATC），并负责交易组织的安全校核和网络阻塞管理。

偏差处理：省间交易优先安排并结算，省间交易执行与结算电量原则上不随送、受端省内电力供需变化，送端省内电源发电能力变化进行调整（点对网交易模式下，外送电力偏差由送电端电厂承担），发电侧和用户侧的偏差分别在各自省内承担，参与省内偏差考核。

思考题

1.《江苏省电力中长期交易规则（暂行）》中规定的用电量偏差范围是多少？分别阐述2018～2020年偏差考核结算的时间尺度。

2. 为贯彻落实中共中央国务院《关于进一步深化电力体制改革的若干意见》，推进电力体制改革实施工作，2015年11月30日国家发展改革委、国家能源局印发了哪6个配套文件？

3. 2018年7月16日，国家发展改革委、国家能源局联合出台《关于积极推进电力市场化交易进一步完善交易机制的通知》，明确要求2018年全面放开哪4个行业电力用户的发用电计划？

4.《电力中长期交易基本规则（暂行）》中的中长期交易主要指什么？

第2章
电力市场基本理论

2.1 电力市场概述

2.1.1 电力市场的定义

电力市场的概念体系是在 20 世纪 80 年代提出的。在此之前，主流经济理论认为电力工业是自然垄断的产业，因此在生产管理体制上往往也采取垂直垄断的组织方式，政府对其产权制度、价格制定、行业进入，甚至具体的企业经营过程（如投资、生产等）均进行不同程度的经济和行政管制。然而，电力垄断经营一方面面临效率低下、政府管制失灵等现实，同时也使电力用户对其产品、服务、价格的不满意程度显著增加。由此，政府、相关经济组织及理论界开始关注电力工业的垄断和竞争问题，探讨电力产业是否可以引入竞争性的市场机制。

各国通过重组电力企业组织、完善电力管理体制，以及探索建立电力市场，在电力产业引入市场竞争机制来解决电力垄断所造成的弊端，对稀缺性的能源资源重新进行优化配置和高效利用，以提高电力工业的生产与运营效率，带动国民经济的健康可持续发展。

格里高利·曼昆（Gregory Mankiw）认为，市场是一群买者和卖者就某种物品或劳务进行商品交易的场所，买者作为一个群体决定了商品的需求，而卖者作为一个群体决定了商品的供给。根据格里高利·曼昆对市场概念的定义分析电力市场，从交易对象的特殊性上看，电力市场就是一群买者和卖者进行电力及相关服务交易的场所，相关服务包括输电服务、运行调度服务及辅助服务（自动发电控制、无功电压控制等）。但此狭义概念仅体现了电力产品、电力交易主体的特殊性，从交易主体与交易对象上解释还不能构成广义的电力市场。

广义的电力市场必须体现市场的一般性，同时又要突出其特殊性。较为完善的概括需要涵盖交易对象、交易主体及交易关系，并且对电力交易规则、交易机制与管理机构等给予说明。所以，电力市场是电力交易主体按照一定的市场化交易规则，围绕电力及相关服务的价格和交易数量进行决策的交易关系的总和，是具体与抽象的统一体。电力市场主要是基于价格机制和市场供需机制的相互作用运行，并受相关机构的适度管制。

需要注意的是，电力市场存在具体的买方和卖方，但在不同的市场中，交易主体的身份会有所改变。例如，在输配电一体化的情况下输电公司既是发电市场中的买方，又是终端市场中的卖方。不同的电力市场设计，买卖双方的关系会更复杂，但是都有具体所指。此外，电价水平与交易电量及提供的相关电力服务都是具体的，所以电力市场也是具体的。电力市场抽象性则体现为交易双方之间，以及买方内部与卖方内部的利益关系、竞争关系的互动性与复杂性难以度量。

2.1.2 电力市场的基本特征

开放性、竞争性、计划性和协调性是电力市场的基本特征。与传统垄断的电力系统相比，电力市场具有开放性和竞争性；与普通的商品市场相比，电力市场具有计划性和协调性；电力系统是相互紧密联系的，任一成员的操作都会对电力系统产生影响，所以要求电力市场中的电力生产、使用、交换具有计划性；同时，由于电力系统的实时供需平衡约束，电力市场中电力供应者之间、供应者与电力用户之间需相互协调。

2.2 电力市场相关经济学理论

电力市场是一个新型的、有显著自身特点的市场，虽然有其自身的物理约束，但也遵循一般商品市场的规律，因此需先了解其中蕴含的经济学基本理论。

2.2.1 市场需求与供给

根据微观经济学理论，将消费者所愿意且有能力购买的商品数量称为需求量。在实际生活中，除了价格之外，还有许多因素会影响人们购买产品或服务的数量 Q_d；基于市场需求的实际分析发现，产品或服务自身的价格 P、消费者的收入 M、相关产品或服务的价格 P_r、消费者的偏好 J、产品的预期价格 P_e 和市场中消费者的数量 N 是其中影响最大的 6 个因素。因此，广义需求函数可按式（2-1）定义，即

$$Q_d = f(P, M, P_r, J, P_e, N) \qquad (2-1)$$

假定除价格外的其他因素变量保持一个固定水平，只研究价格与需求量的关系，得到的函数便为需求-价格函数（简称需求函数），即

$$Q_d = f(P) \qquad (2-2)$$

按照"理性人"假设（也称经济人假设），当价格下降时，需求量将上升；当价格上涨时，需求量将下降。一般情况下，需求函数可以用一条斜率向下的曲线来表示，如图 2-1 中所示需求曲线。

与需求相对应，一定时间内，投入市场用于销售的产品或服务的总量称为供给 Q_s。产品或服务自身的价格 P、用于生产此种产品或服务而投入的其他产品或服务的价格 P_i、相关产品或服务的价格 P_r、可获得的技术水平 T、产品的预期价格 P_e 和市场中生产此类产品的生产商数量 F 是影响供给的 6 个主要因素。由此广义供应函数的定义为

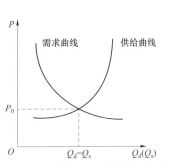

图 2-1　供需均衡与价格的确定

$$Q_s = g\,(P, P_i, P_r, T, P_e, F) \qquad (2-3)$$

在只考虑价格因素的情况下，可得到如式（2-4）所示的供给-价格函数（简称供给函数），即

$$Q_s = g\,(P) \qquad (2-4)$$

同样地，供给函数可以用一条斜率向上的曲线来表示，如图 2-1 中所示供给曲线。

需求函数与供给函数为分析市场中买卖双方的行为提供了基础。需求函数反映了商品价格变化对消费者购买能力的影响关系；供给函数反映了生产商对商品价格变化和市场中其他能够影响生产商产量因素变化时的反应。在市场中，生产商与消费者的相互关系产生了市场均衡，即当在某一价位上时，消费者所愿意购买的商品量与生产商的产出量相等（如图 2-1 中 $Q_d = Q_s$）。市场均衡时，市场上此类商品的价格称为均衡价格 P_0，也称为市场出清价格。

2.2.2　发电成本

根据是否受产量变动影响，成本可分为固定成本和可变成本。固定成本（FC）不受产量变化的影响，即使产量为零，也需要支付，如厂房租金、长期工作人员的薪水等；可变成本（VC）随产出水平的变化而变化，如原材料、燃料、按量支付的加工费等。固定成本

与可变成本的和称为总成本（TC）。

从单位产品角度来看，成本可分为平均成本、平均固定成本、平均可变成本、边际成本。平均成本（AC）是指企业的总成本除以其总产量；平均可变成本（AVC）是指可变成本除以总产量；平均固定成本（AFC）是指固定成本除以总产量；边际成本（MC）是指增加单位产出所增加的总成本。对应到电力行业中，如果以 Q 表示总发电量，则发电成本的计算公式为

$$\mathrm{MC} = \frac{\mathrm{dTC}}{\mathrm{d}Q} = \frac{\mathrm{d(FC+VC)}}{\mathrm{d}Q} = \frac{\mathrm{dAC}}{\mathrm{d}Q} \qquad (2-5)$$

2.2.3 电价体系

自改革开放以来，与电力体制和电力市场化改革相适应，电价体系从单一的销售电价，经历了构建独立的上网电价、输配电价和完善销售电价等改革，基本形成了目前较为完善的电价体系。

2.2.3.1 电价的构成与分析

目前，电价的基本构成为

$$电价 = 电能成本 + 利润 + 税金 \qquad (2-6)$$

式中 电能成本——电力企业正常生产、输送、经营过程中消耗的燃料费、折旧费、维修费、财务费用等各类成本的总和；

税金——按照国家税法应该缴纳并可计入电价的税费；

利润——电力企业正常生产、经营应获得的合理收益。

在实际系统中，电能在生产、输送、使用的全过程链中，各环节及环节间都涉及电能的交易，同时为了保证整体的协调与控制，以及相关部门的管理与监督，按不同生产流通环节，电价主要可分为上网电价、输配电价、线损电价、销售电价（也称为目录电价）等几类，如图2-2所示。

图2-2 不同生产流通环节的电价

1. 上网电价

发电机组的上网电价，是指电网购买发电企业电量的价格，即电网和发电企业的结算价格。

起初各发电企业卖电给电网的电价是"一厂一核"，甚至是"一机组一核"，核价的原则基本上是"合理成本加合理收益"，这些单独核定的价格就是"上网电价"。上网电价的弊端是缺少激励，因此后来逐步被"标杆上网电价"（或简称"标杆电价"）所取代。标杆上网电价不再基于各电厂或机组的实际成本核定，而是依据同类型机组的平均成本制定。标杆上网电价为发电设施投资提供了明确的经济信号，同时也促进了发电企业之间的效率竞争。

2. 输配电价

输配电价是指电网经营企业提供接入系统、联网、电能输送和销售服务价格的总称，它是电力价格链的中间环节，简言之即为电网企业收取的"过网费"。输配电价按输送电量进行收费，单价由各省核定，一般分为工商业及其他用电、大工业用电两种。不同电压等级下的定价会有所区别，一般来说，电压等级越高，电价越低。输配电价架构如图2-3所示。

在电力市场改革的大形势下，输配电价改革需要与电力体制改革相适应，促进电力市场改革。通过改革建立对电网企业成本的约束与激励机制，促进电网企业优化管理、提高效率；另外，促使输配电价逐步反映各类成本，利用价格信号引导资源合理使用。

电力体制改革规定政府主要核定输配电价，接受社会监督，输配电价逐步过渡到按照"准许成本加合理收益"的原则，分电压等级核定❶。因此，输配电价的高低主要依赖于准许收入的多少，其中准许收入的构成与计算如式（2-7）和图2-3所示。

$$准许收入＝准许成本＋准许收益＋税金 \qquad （2-7）$$

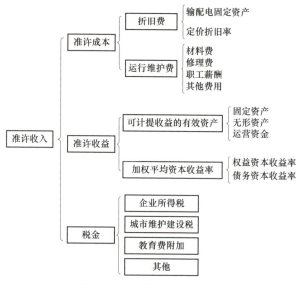

图2-3 输配电价架构图

准许成本由折旧费和运行维护费构成。以"存量加增量"为原则，按照电网历史成本、未来预测成本、同类型企业先进成本标准等情况综合核定。折旧费是指电网企业按照政府价格主管部门核定的输配电固定资产原值（存量资产＋增量）和定价折旧率计提的费用。通俗地讲，折旧费就是将记入固定资产价值的金额，随着固定资产的使用、损耗，将购置价款采用折旧的方法逐步转移到生产成本和相关费用中去。运行维护费是指维持电网企业正常运行的费用，包括材料费、修理费、职工薪酬和其他费用，原则上按照各项费用分别核定。

准许收益等于可计提收益的有效资产乘以准许收益率。可计提

---

❶ 本轮电力体制改革推行的独立输配电价监管颠覆了我国电网企业传统的经营方式和盈利模式，具有革命性的影响。电网企业开始从资产、投资、生产运行等诸多方面改进和优化内部管理，积极降本增效。

收益的有效资产是指由电网企业投资形成的可获取投资收益的有效资产，通常包括固定资产净值、无形资产净值和营运资本三部分，具体项目由政府价格主管部门核定。加权平均资本收益率可以理解为资产回报率，需要按权益资本收益率和债务资本收益率分别进行核算。

税金是指除增值税外的其他税金，包括企业所得税、城市维护建设税、教育费附加，依据现行国家相关税法规定核定。

其他影响因素：在我国原计划经济体制下，存在相当数量的交叉补贴，工商业补贴居民、城市补贴农村、高电压补贴低电压，然而在改革的进程中，逐步厘清交叉补贴数量后将逐渐降低，甚至取消交叉补贴，导致电价发生一定的变化。

"交叉补贴"是电价中最难说清楚，也是争议最大的内容。然而，要让电力回归其商品属性，必须厘清电价中的"交叉补贴"，并逐步减少，直至完全消除"交叉补贴"。交叉补贴是指因商品定价造成的一部分电力用户对另外一部分电力用户的补贴。具体到我国的电价，大致存在以下三类交叉补贴：

（1）省（区、市）内发达地区电力用户对欠发达地区电力用户的补贴。

（2）高电压等级电力用户对低电压等级电力用户的补贴。

（3）大工业和一般工商业电力用户对居民和农业电力用户的补贴。

另外需要注意的是，电价中存在一些特殊的补贴，如保底供电补贴、可再生能源补贴等，这些补贴不属于"交叉补贴"。

交叉补贴的存在具有其合理性，并且电价中的交叉补贴并不是我国的特色。在电力行业的发展初期，世界各国大都曾存在过交叉补贴。因为作为公用事业部门之一，电力行业有其公益属性。出于社会稳定的考虑，同时为了兼顾社会公平，实现电力普遍服务，政府价格主管部门一方面会在地区之间、电压等级之间调剂电价，以降低欠发达地区、低电压等级电力用户的电费负担；另一方面会在居民和工商业之间调剂电价，以降低居民生活用电价格。

3. 线损电价

一般在输配电价表中会说明综合线损率，综合线损率越小，对电网和电力用户越有利。

4. 销售电价

销售电价，也称目录电价，由国家及省物价部门核定，是指电力用户在购买电力时应支付的价格，销售电价的计算公式为

$$销售电价 = 上网电价 + 输配电价 + 线损电价 +$$
$$政府性基金及附加 + 环保电价 + 税费 \qquad (2-8)$$

按输配电价的细化程度不同，目前国内外现行的销售电价有如下几种模式：

（1）固定电价模式。固定电价通常为分电压等级、分用户类别制定的"销售电价"（在我国也称为"目录电价"），部分地区的销售电价还考虑分季节的丰枯电价和分时段的峰谷电价。目录电价是一个"捆绑"的价格，它包括购电成本、输配电成本、输配电损耗、政府性基金及附加等。目录电价的定价原则是以公平负担为基础，同时兼顾公共政策目标。为此，目录电价中包含交叉补贴（主要是工商业用电补贴农业和居民用电）。

另外，部分地区存在地方电网或趸售区域，电网企业（如国家电网有限公司或中国南方电网有限责任公司）向这些地方电网或趸售区域的供电价格采用"趸售电价"。

（2）节点电价模式。节点电价反映了特定节点的电力供需关系，即价格高表示该节点电力供给趋紧；价格低表示该节点电力供给富余。节点电价在世界各国得到广泛使用，其主要优点在于：① 能够自然地运用最优潮流技术处理网络阻塞；② 节点电价合理地反映了节点用电负荷的发电边际成本，因而不存在是否公平的问题。

节点电价由系统电能价格与网络阻塞价格两部分构成，系统电

能价格反映全市场的电力供需情况，网络阻塞价格反映节点所在位置的网络阻塞情况。与国外节点电价机制不同，中国南方电网有限责任公司经营区域内（以广东省起步）现货电能量市场采用单侧节点电价机制定价。发电企业以机组所在节点的节点电价作为现货电能量市场价格。售电企业、批发用户以全市场节点的加权平均综合电价作为现货电能量市场价格。

节点边际电价是市场中某时间点、某地点电力消费每增加/减少单位负荷所增减的成本。以增加单位负荷 1MW 为例，某节点的节点边际电价是指系统向该节点供应增加 1MW 功率的微增费用。如图 2-4 所示，节点 1 负荷增加 1MW，此时 G_1 增加 1MW 出力，系统发电成本增加 5 美元，因此节点 1 的节点电价为 5 美元/MW。类似的，节点 2 的节点电价为 30 美元/MW。若按国外节点电价机制结算，G_1 和负荷以节点 1 的电价结算，G_2 和负荷则以节点 2 的电价结算。而按照中国南方电网有限责任公司经营区域内（以广东省起步）的单侧节点电价机制结算时，G_1 以节点 1 的电价结算，G_2 以节点 2 的电价结算，而两侧负荷则为节点 1 和节点 2 的加权平均综合电价 $(50 \times 5 + 150 \times 30)/(50 + 150) = 23.75$（美元/MW）。

图 2-4 系统节点电价计算

（3）分区电价模式。分区电价机制从本质上说是节点电价机制的简化，节点电价能够简化成分区电价的基础在于电力系统运行过程中发生的网络阻塞。在实际电力系统运行过程中，人们发现输电系统网络阻塞通常只是频繁地出现在某些区域之间，而这些区域内部输电系统网络阻塞发生的概率很小，程度也很轻微，基于此，提出了分区电价来简化和替代节点电价。

　　分区边际电价机制的运作过程是将整个市场的电网按照某种分区规则划分成若干个区域，划分出的区域是具有相同或相近边际成本的节点的集合，根据分区结果和分区定价模型确定各分区的电价，按照分区电价对各分区中的市场参与者进行结算。最早并一直采用分区电价机制的电力市场是北欧四国电力市场，而在美国几个电力市场中，得克萨斯州（简称得州）市场比较成功地实施了分区电价。

　　分区电价机制实行的关键是分区边界的确定。考虑输电网络和电力系统运行状态的复杂性，分区边界的合理划分一直是一个比较困难且备受争议的问题。如果分区不能体现实际的网络阻塞情况，就可能出现分区之间网络阻塞较少，而分区内部网络阻塞严重的情况，导致分区电价的价格信号严重扭曲，影响市场效率。

　　销售电价的各部分组成含义不同，终端电费收取后的资金流向有不同去处，见表2-1。

表2-1　　　　　　　　　各部分电费流向

组成成分	费用归属
上网电价	给发电主体
输配电价	给国家电网
线损电价	给国家电网
政府性基金及附加	国家电网代收
税费	国家电网代收

2.2.3.2　我国电价体系的演变与改革进程

1. 历史背景回顾

　　1985年之前，我国电力行业实行的是高度集中的计划模式，政府严格统一管理电价，电价制度以满足社会公益事业的需要为原则。这期间我国的电力市场属于比较典型的计划经济体制下的政府垄断经营模式。改革开放以后，尤其是进入20世纪80年代中期，电力在计划经济下的垂直垄断经营已经越来越不适应经济社会发展的要求，缺电局面日益严重，全国各地出现拉闸限电，电力工业成为制约我国经济社会发展和正常运行的瓶颈产业。1985 年后，国务院分别批准了集资办电、卖用电权、发行电力债券，以及征收电力建设资金等多项政策和措施，自此也开启了我国电价改革的篇章。此后，我国的电价改革可以总结为三个阶段：

（1）第一阶段是 1985～2002 年，为了鼓励集资办电、吸引电力投资，我国实行了还本付息电价政策，之后改进为经营期电价，初步形成了独立的上网电价，并相应地形成了多种销售电价，有效地加快了我国电力建设。

（2）第二阶段是 2002～2015 年实施第一轮电力体制改革期间，电价体系在单纯的销售电价结构基础上增加了发电上网电价，部分跨省、跨区输配电价，部分省份大用户直购电交易的输配电价及辅助服务补偿标准。

（3）第三阶段是 2015 年电力体制改革开启以来，电价改革重点在两个方面：实施独立输配电价监管，完成了第一个监管周期省级电网、区域电网和专项输电工程独立输配电价监管的全覆盖；各省（区、市）通过开展多种形式的电力交易，实现了部分发电量价格的市场化和大工业用电价格的市场化。

2. 双轨制运行的两套电价体系

我国当前正处在新一轮电力体制改革的起步阶段，以市场化交易电价和输配电价为基础的新电价体系正在推行，但以上网电价和销售电价为基础的原有电价体系依然是主流。两套电价体系双轨制运行，形成了我国现行的极富特色的电价体系。

（1）以上网电价和销售电价为基础的电价体系。在本轮电力体制改革以前，电是"统购统销"的单边交易模式，即电网企业对于发电企业来说是电能的唯一买方，而对于电力用户来说则是电能的唯一卖方。电网企业从发电企业买电的价格，以及电网企业向电力用户供电的价格都是政府制定的，电网企业的利润主要来源于购销价差。

（2）市场化交易电价体系。本轮电力体制改革的核心思路为以"管住中间、放开两头"为原则，以建立电力交易市场、理顺电价形成机制为目标。在发电侧与用电侧引入市场竞争；将原来"捆绑"的销售电价"解绑"，电度电价由市场决定，而其中的输配电价则由政府核定并严格监管。对于电度电价部分，当前部分发用电量已经放开，发电企业和电力用户（或售电企业）可以通过双边协商、集中竞价、挂牌等方式批发交易部分电量，交易的价格就是市场化交易电价；售电企业和其代理的电力用户之间的电力零售交易价格也属于市场化交易价格。对于输配电价部分，各省级电网的首个监管周期的输配电价也已经全面完成了核定，核定的原则是"准许成本加合理收益"；输配电价中包含了原来销售电价中的交叉补贴，绝大部分省（区、市）的输配电价还包含了线损电价。

在当前（以及接下来的一段时期），我国的电价体系是双轨制运行的，政府价格主管部门在核定（并公布）电价的时候不仅要核定输配电价，还要同步核定销售电价（及部分地区的趸售电价）。图2-5所示为我国现行的双轨制电价体系及逻辑关系。虚线绘制的部分是原有电价体系的遗留，会在未来逐步取消。在发电端，当前大部分发电量仍然是"计划电量"，是调度机构根据优先发电、优先购电计划及电网实际运行需要安排的。计划电量由电网企业收购，价格是标杆电价；另外一部分发电量是"市场电量"，电量销售给大用户或者售电企业，价格是市场化交易电价。在用电端，部分用电（农业用电、居民用电、重要公用事业用电、公益性服务用电等）尚未放开，其用电需要优先保证，用电价格是目录销售电价；另有部分电力用户（部分大工业用电、部分一般工商业用电）已经放开，通过市场化交易获得电量，其用电价格由市场化交易电价叠加终端输配电价与政府性基金及附加构成；剩余部分电力用户（目前仍占大部分用电量）既不属于优先购电范围，又不能参与电力市场化交易，其用电量仍然由电网企业统销，用电价格也是销售电价。

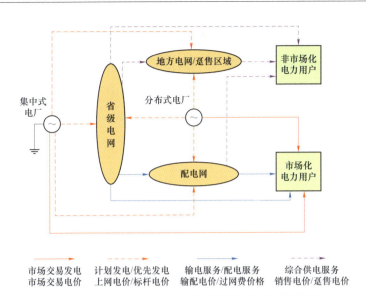

图 2-5　我国现行的双轨制电价体系及逻辑关系

双轨制运行的新旧两套电价体系在大部分情况下是相对独立的，但在某些领域也会相互影响。例如，尽管新电价体系在建立时考虑了与原有电价体系的衔接，但按照新电价体系形成的终端电价往往和原有电价体系中的销售电价不相等。这种情况在一些地方影响了电力用户参与电力市场化交易的积极性，在另一些地方则导致了已核定的输配电价得不到执行、市场化交易在销售电价的基础上扣减价差的现象。

3. 各类电价的改革进程

（1）上网电价改革。1985 年，国家对国家电力公司之外的独立发电厂建立还本付息电价机制；2001 年，为解决还本付息电价政策所带来的新建发电项目投产初期上网电价过高，推动销售电价水平上涨幅度过大的问题，将独立发电厂的上网电价改进为经营期电价。2004 年，电力市场化改革初期，标杆上网电价作为向市场化过渡的电价机制，在全国范围实施，同时还开展了竞价上网和大用户直购电的市场化探索；2015 年后，根据"中发 9 号文"要求，全国各地先后开展有序放开发用电计划的电力市场化改革，推行大用户与发电企业直接交易。

我国现阶段政府管制下的上网电价以分电源类别的标杆电价为主导。不同类型电源的标杆上网电价机制见表 2-2，其中风、光等可再生能源发电上网电价高出当地燃煤发电上网电价的部分在全国统一分摊。标杆上网电价机制较好地解决了以往政府管制上网电价采用的"个别成本定价"无法有效约束成本的弊端，在建立竞争性批发市场的过渡阶段，对于引导发电企业节约成本、提高效率、优化发电资源配置、促进发电节能技术进步均起到了积极的作用。

表 2-2　　　　　　不同类型电源的标杆上网电价机制

电源类型	标杆上网电价机制
燃煤发电	分省标杆电价＋脱硫、脱硝、除尘及超低排放环保电价
陆上风电和集中式光伏发电	分资源区核定标杆上网电价，随着技术进步上网电价逐步退坡
海上风电	分潮间带风电和近海风电两种类型分别核定标杆上网电价
核电	采用全国统一标杆上网电价
水电	省内水电上网电价实行标杆电价制度；四川、云南等水电比重较大的省，实行丰枯分时电价或分类标杆电价；跨省、跨区送电的水电上网电价由受电省（区、市）上网电价倒推机制改进为供需双方协商确定
天然气发电	根据其在电力系统中的作用及投产时间，实行差别化的上网电价机制
抽水蓄能电站	由租赁制、两部制和单一制等多种电价形式并存，规范为以政府制定两部制上网电价及抽水蓄能电价为基础的新机制

现行燃煤发电标杆上网电价与燃煤发电价格联动，在厂网分开后至开展大规模电力直接交易之前的 10 余年间，有效地促进了发电企业降低成本、发电价格管制规范化，以燃煤发电标杆上网电价为基础的核电、水电、风电、光伏发电上网电价，以及跨区送电价格体系的形成，在一定程度上疏导了燃煤发电价格的矛盾，在没有电力现货市场机制的情况下，起到了保障绝大部分发电容量成本回收的作用。在实行有序放开发用电和电力中长期市场建设后，燃煤发电标杆上网电价还被视为市场参考价格。

2019 年，国家发展改革委发布《关于深化燃煤发电上网电价形成机制改革的指导意见》（发改价格规〔2019〕1658号），将现行燃煤发电标杆上网电价机制改为"基准价+上下浮动"的市场化价格机制。在过渡期，基准价按当地现行燃煤发电标杆上网电价确定，浮动幅度范围为上浮不超过10%、下浮原则上不超过15%，国家发展改革委依据市场发展适时对基准价和浮动幅度范围进行调整。

在电力现货市场运行前，仍是电力市场化过渡阶段，建立"基准价+上下浮动"的市场化价格机制有助于促进电力乃至能源市场体系的建设。相较于原有的"燃煤发电标杆上网电价+燃煤发电价格联动机制"，"基准价+上下浮动"的市场化价格机制的本质在于：上下浮动的幅度是由市场化价格机制形成的，而不是政府调价行为，是市场主体自愿交易的结果。这不仅能有效反映电力生产成本，还能有效反映电力需求弹性，且时效性强，有助于促进电力上下游全产业链的市场化价格机制的协同和完善。

"基准价+上下浮动"的市场化价格机制，是一种灵活的、中长期合同交易价格机制，可以演化为很多具体的合同价格形式。对于中长期交易，这个机制相当于限定了市场化交易价格的上限和下限。对于双边合同交易，浮动价格可以通过合同约定为固定值，也可以是与中长期交易价格挂钩的浮动公式，或者是与上下游产品市场价格（指数）挂钩的定价公式。发电企业可以降低因上游煤炭市场价格上涨造成履约合同而亏损的风险，电力用户可以在自身产品市场形势不佳时提升一定的竞争力，具体执行范围和形式应因地制宜。

（2）输配电价改革。我国的输配电价改革始于2002年，《国务院关于印发电力体制改革方案的通知》（国发〔2002〕5号）提出在厂网分开后，建立合理的电价形成机制，将电价划分为上网电价、输电电价、配电电价和终端销售电价。《国务院办公厅关于印发电价改革方案的通知》（国办发〔2003〕62号），对输配电价改革的原则、管理方式、价格结构进行了初步明确。为进一步明确细化电价的形成机制和管理方式，2005 年，国家发展改革委发布《关于印发电价改革实施办法的通知》（发改价格〔2005〕514 号），出台了 3 个配套文件，其中在《输配电价管理暂行办法》中，对输配电价体系、定价方法及管理方式进行了规定。从结构上看，输配电价改革最初是按照我国输电网在投资运营管理体制和调度运行体制上分为三级——国家、区域和省级，将输配电价结构也相应地分为三级——跨区输电价、跨省输电价（各区域内）和省级电网输配电价。

2014 年年底，国家发展改革委印发《关于深圳市开展输配电价改革试点的通知》（发改价格〔2014〕2379 号）标志着我国新一轮输配电价改革启动。2015 年，"中发 9 号文"及相关配套文件的正式发布，加速了我国的输配电价改革；同年，国家发展改革委开始省级电网输配电价改革。2017 年，开始区域电网和跨省、跨区专项工程输电价格改革，逐步建立独立的省级电网和区域电网输配电价体系，规范输配电价结构与定价方法，在引入增量配电网改革后，我国的输配电价结构也将逐步从原有的三级逐步过渡为跨省、跨区专项工程输电价，区域电网输电价，省级电网输配电价和增量配电网及地方电网配电价格四级。

从各省级电网输配电价改革试点的方案来看，各试点均以 3 年作为输配电价的监管周期，采用"准许成本加合理收益"的方式核定监管周期内各年的输配电年准许收入，采用分电压等级传导的方式核定省级电网各电压等级大工业电力用户和一般工商业电力用户的输配电价。从价格形式来看，为与改革前的电价政策相衔接，一般工商业电力用户采取单一制电度电价，大工业电力用户采取"电度电价＋基本电价"的两部制电价。

从价格水平来看，各省的输配电价差异较大，华东、华北、华中地区高于西北、东北地区，尤其是北京、上海等地的输配电价位于全国较高水平，而贵州省、云南省等地则处于全国较低水平。

（3）销售电价改革。2013 年，国家发展改革委下发《关于调整销售电价分类结构有关问题的通知》（发改价格〔2013〕973 号），强调"将销售电价由现行主要依据行业、用途分类，逐步调整为以用电负荷特性为主分类，逐步建立结构清晰、比价合理、繁简适当的销售电价分类结构体系"，这将是我国未来销售电价改革的方向之一。

我国现行销售电价除按电力用户类别划分外，每一类电力用户销售电价又按电压等级不同分档定价，总体上可分为不满 1kV、1～10kV、35kV、110kV 和 220kV 及以上 5 档。同一电力用户类别中电压等级越高，销售电价越低。

《输配电价管理暂行办法》规定：居民生活、农业生产用电，实行单一制电能电价（按电能表计量数据承担电能电价）。工商业及其他电力用户中受电变压器容量在 100kVA 或用电设备装接容量在 100kW 及以上的电力用户，实行两部制电价（除电能电价外，还需按用电设备装接容量以定量或定需的计量方式承担基本电价）；受电变压器容量或用电设备装接容量小于 100kW 的电力用户实行电能电价，条件具备的也可实行两部制电价；基本电价按变压器容量或按最大需量计费，由电力用户选择，且在一年之内保持不变。

由于各地实际情况差异较大，《关于调整销售电价分类结构有关问题的通知》（发改价格〔2013〕973 号），对两部制电价实施范围做出一定调整，指出一般工商业及其他电力用户中，受电变压器容量（含不通过变压器接用的高压电动机容量）在 315kVA（kW）及以上的，可先行与大工业用电实行同价并执行两部制电价；具备条件的地区，可扩大到 100kVA（kW）以上用电。

2016 年，为适应我国经济结构调整带来的企业结构调整，国家发展改革委下发《关于完善两部制电价用户基本电价执行方式的通知》（发改价格〔2016〕1583 号），放宽基本电价计费方式变更周期限制，基本电价计费方式变更周期从现行按年调整为按季变更；放宽减容（暂停）期限限制，电力用户可根据用电需求变化情况，向电网企业申请减容、暂停、减容恢复、暂停恢复用电。

我国电价政策主动适应社会经济改革，服务于实体经济发展，进一步优化两部制电价结构，合理设定基本电价和电度电价占比也是未来我国销售电价改革的主要内容之一。

（4）电价体系改革的目的。电价体系改革的目的主要有三方面：① 发电和售电价格向市场化过渡；② 提高自然垄断环节的生产效率、降低运行成本；③ 市场化价格机制和价格政策协同以促进电力工业向清洁低碳、安全可靠、高效经济的方向发展。

我国输配电价改革已经迈出第一步，建立了独立的输配电价体系，下一步不仅要完善输配电成本监审办法以促进电网企业降本增效，而且还应该完善输配电价结构以促进电力市场的公平竞争、提高市场效率。

目前虽然开展了多种电力交易，实现了部分电量的上网电价市场化，但由于电力交易没有实现分时的市场化定价，尚不能有效传导供需的时序差异导致的电能价值变化。因此，应加紧分时定价的市场化价格机制建设，以借助市场化价格机制促进清洁、低碳能源的消纳与发展，同时提高电力和能源行业的效率。

2.2.4 市场化交易类型

买卖双方在进行商品交易时，显然应当就商品的质量、数量和价格取得一致的意见，除此以外，还需确定以下三个重要的事项：

（1）商品交付时间。

（2）结算方式。

（3）任何可能的交易附加条件。

如果买卖双方针对此类问题的解决方式不同，所签订合同的类型也就不一样，由此其参与的市场也分为不同的类型。

1. 现货市场

在现货市场中，卖方应立即交货，且买方应当场付钱；商品交付时如没有附加条件则买卖双方不能反悔。表面上看，此类市场的交易规则很不正规，但实际上隐藏在其背后的是沿袭了几个世纪的惯例。现代现货市场要复杂得多，交易数量往往非常大，且交易各方可采用电子手段进行交易沟通，但贯穿其中的基本原理则无他异。

现货市场的优点在于直接性，生产者可以出售其拥有的全部商品，消费者一般按照自身的需求购买所需数量的商品。但存在的问题是，现货市场的价格往往变化很快，如果可以立即交付的商品库存有限，需求的突增（或生产的突减）将会使价格剧增；类似的，产品的供给过剩或需求不足都将导致价格降低。另外，现货市场还会对有关商品未来供给量等信息做出反应。

由于商品价格本质的不可预测性，供给者和消费者在经营过程中会遇到各种各样的风险，例如，机组故障停运可能导致发电商无电可卖与终端电价的上涨。虽然商业活动意味着需要承担一定的风险，但过多的风险会危及市场与企业的发展。因此，大部分经营活动会尽力减少其所面临的价格波动风险，例如，商品生产者会尽力避免以极低的价格出售商品，消费者也不希望被迫以极高的价格购买生活必需品。为了避免现货价格大幅度波动带来的风险，需要引入其他类型的交易和市场进行规避。

2. 远期市场

远期市场是主要运营远期合同交易的市场，主要在欧洲区域开展。远期合同是指交易双方约定在未来的某一确定时间内，按照事先商定的价格，以预先确定的方式买卖一定数量的某种标的物的合约。其中，合同中规定在未来买入标的物的一方称为买方，在未来卖出标的物的一方称为卖方。合同中规定的未来买卖标的物的价格称为交割价格，远期合同到期须按合同规定的交割价格进行实物商品交接。

远期合同实现了一种预买预卖，商品供给者预知了商品的销路和价格，商品需求者预订了商品的来源和成本，有利于双方更好地安排未来的生产和经营活动。另外，远期合同的交割价格经买卖双方讨价还价确定后，就不再像实时市场价格那样受各种外界因素的影响而变化，使买卖双方能够避免或在一定程度上减少市场风险。远期合同能够为需求方提供稳定的商品供应，同时为生产方带来长期稳定的需求，能够提前锁定商品的交割价格，从而使供需双方规避实时市场的价格风险。但远期合同也有两点不足：① 交易成本高，每一份远期合同的内容都需要交易双方进行磋商，谈判代价高昂。② 交易不够灵活，如果将远期合同的条款标准化，则远期合同的交易成本会下降，转售也成为可能，如此便出现了期货合同和期货市场。

3. 期货市场

期货市场是电力商品期货交易的主要交易场所，期货合同是主要的电力金融衍生品之一。期货交易是从远期交易发展起来的，远期合同的标准化是形成期货合同的重要标志。标准化的内容包括商品的质量、商品的计量单位和数量、交货日期和交货地点等，标准化的期货合同可使交易更加规范和顺畅。

期货交易的主要目的在于规避价格风险，不以交割实际商品为主，实际商品的交割量一般只占成交总量的百分之几，它交易的是一种与商品所有权有关的价格风险。为达到转移商品生产者和消费者价格风险的目的，期货市场鼓励支持投机资本的注入，并通过执行严格的保证金制度，防止违约行为的发生，维护期货市场的正常运行。从这个意义上讲，期货交易与证券、股票交易类似，也是一种金融投资的工具。

期货合同能够规避价格波动风险的经济原理在于,商品的期货价格和实时价格应受相同的经济因素的影响和制约,如果市场是充分竞争的，并且所有参与者都能够接触到足够的信息，期货价格就应该能够反映实时价格的期望值，两者的走势一致，即实时价格上升，期货价格也会上升；反之，实时价格下降，期货价格也下降；

当期货合同接近交割日期时，实时价格和期货价格的差应趋近于零。市场参与者利用期货合同规避价格波动风险的交易活动称为套期保值。

4. 期权市场

期权市场是电力商品期权交易的主要交易场所，期权合同也是主要的电力金融衍生品之一。期货合同和远期合同都需要按期交割。实际上，市场参与者可能更喜欢附带执行选项的合同，这种合同允许其持有者只在认为执行合同对其有利时才令合同生效。这种合同称为期权，是指在特定期限内以事先商定的价格购买或出售某种商品的权利。期权购买者通过支付期权费，便拥有按事先商定的价格（称为行权价格）买入或卖出特定的商品或期货合同的权利。

期权的买卖对象可以是现货也可以是期货。按期货合同标的物的流向又可将期权分为买入期权和卖出期权。买入期权赋予持有者以行权价格买入规定数量商品的权利。卖出期权赋予持有者以行权价格卖出规定数量商品的权利。期权的持有者是否决定执行合同赋予的权利，这取决于商品的现货价格，欧式期权只有在到期日才能执行，而美式期权可以在到期日之前的任意时间执行。当交易者达成期权合同时，期权的卖主会从期权的持有者手中得到一笔不可退还的期权费。

需要注意的是，电能的期权合同交易还没有得到广泛应用。当然，电能备用容量供应长期合同则常常同时包含期权费用和行权价格，在形式上比较接近于期权合同。

5. 国外市场的金融差价合同

在部分市场中，商品生产者和消费者只能通过集中市场进行交易，因此交易双方无法选用远期合同、期货合同或期权合同避开交易风险。此时，交易双方可采用一种可以与集中市场并存的差价合同机制。在差价合同中，买卖双方商定商品的履约价格和交易数量。签订差价合同后，双方就可以和其他市场的参与者一样参与集中市场。一旦集中市场上的交易已经完成，差价合同就可以按照如下方式进行结算：

（1）如果差价合同的履约价格高于集中市场价格，买方需要向卖方支付一定金额，支付的金额为两者价格的差价乘以合同规定的交易数量。

（2）如果差价合同的履约价格低于集中市场价格，卖方需要向买方支付一定的金额，支付的金额为两者价格的差价乘以合同规定的交易数量。

如此，差价合同可以使交易双方既能参与集中市场交易，又能规避对应的交易风险。差价合同可以被认为是具有相同行权价格的买入期权和卖出期权的组合。除非市场价格恰好等于履约价格，否则这两种期权中必定有一种期权被执行。

2.3 电力交易机构与运行机制

2.3.1 国外典型市场化交易机构

电力市场与电力系统运行密切耦合，国外典型电力市场的基本任务可用图 2-6 所示流程表示，如何通过对应的交易或运行实体有效组织各环节任务是电力市场建设面临的重要挑战。

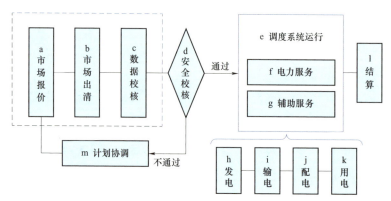

图 2-6 国外典型电力市场基本任务的流程图

图 2-6 所示流程中相关的市场化交易实体及其与流程环节的对应关系见表 2-3。

表 2-3　市场化交易实体及其与流程环节的对应关系

市场化交易实体	与流程环节的对应关系
电力交易中心（power exchange center，PX）	b、c、l
结算公司（clearing corporation，CC）	l
系统运营商（system operator，SO）	d、e（f、g）
输变电设备拥有者（transmission owner，TO）	i
辅助服务（ancillary service，AS）	g
计划协调员（scheduling coordinator，SC）	m
发电商（generator，G）	a、h
发电经纪商（power marketer，PM）	a
配电商（distribution service provider，D）	j
零售商/售电商（retail service provider，R）	a
用户（consumer，C）	a、k

系统运营商对电力系统进行运营，并对所有输电系统用户提供服务。系统运营商的责任、权利、利益在不同的电力市场结构中是不同的，主要职责包括运行方式制定、实时调度、系统监控、在线安全分析、市场管理及经营辅助服务。

电力交易中心的主要职能是提供一个电能供需双方交易的场所，电力交易中心采用"信息板"的方式，促成电能供需双方协商，达成一致交易意向，最终签订双边合同。电力交易中心也可以作为一个交易竞价中心，按供需曲线确定市场出清价，并以出清价作为电能交易结算的依据。

输变电设备拥有者向所有用户提供输电服务，主要考虑输变电规划和在新的环境下进行市场运作，后者包括输电系统网络阻塞的收入、一次和二次输变电设备使用权，以及输变电基础设施在通信等其他市场的收入。

辅助服务提供输电系统支持服务以保证电力系统的可靠运行。

实际中，辅助服务主要提供有功电源和无功电源，使输电系统安全稳定运行。根据市场结构的不同，辅助服务的交易可在电力交易中心或系统运营商中进行，可捆绑在一起成套提供，也可以分开提供。

就系统运营商、电力交易中心和计划协调员而言，计划协调员起着中间协调员的作用。电力交易中心将制定的交易呈交系统运营商，如通不过系统运营商的安全验证，则将系统运营商的建议方案递交计划协调员，由计划协调员协调成员重新报价和计划，再交由电力交易中心处理；反复数次后，最终达成协议。

根据市场的复杂程度，不同国家电力市场上述实体的组合方式与对应的职能机构有很大差别，这正是各国电力市场最具特色的地方，也是电力市场不同于其他商品市场的关键部分，例如：

（1）英国电力库（Pool）模式（目前已停止运营）。只有英国国家电网公司一个机构，它集系统运营商、电力交易中心和输变电设备拥有者的功能于一身；另设有辅助服务，没有计划协调业务。

（2）美国 PJM[1]电力市场。系统运营商与电力交易中心业务合为一体，计划协调、输变电设备、辅助服务业务独立于系统运营商运营。

（3）美国加利福尼亚州（简称加州）电力市场。系统运营商、电力交易中心、计划协调员、辅助服务都有，系统运营商与电力交易中心独立运营。

（4）挪威电力市场。系统运营商与输变电设备拥有者合为一体，电力交易中心、计划协调员、辅助服务独立于系统运营商运营。

2.3.2　欧洲电力市场化交易机构

国外成熟电力市场电力交易和电力调度的关系主要分为两种类型：① 交易和调度相互独立；② 交易和调度一体化。前者主要用

---

[1]　美国宾夕法尼亚州（Pennsylvania）、新泽西州（New Jersey）和马里兰州（Maryland）。

于欧洲，后者一般用于美国；主要因为欧洲各国的输电资产均为各个国家的电网公司，市场化之前就只有一个调度部门；而美国的输电资产分散在每个私营电力公司，市场化之前各私营电力公司都有自己的调度中心，市场化之后需要建立一个独立的调度部门统一运行分属于不同电力公司的输电资产。

2.3.2.1　欧洲电力市场的交易机构

随着欧洲统一电力市场计划的不断推进，欧洲各大电力交易所的联合交易促使各国电力市场逐步融合，目前欧洲有约 20 家电力交易所。在欧洲统一电力市场框架下，各国电网调度运营与电能及其金融衍生品交易一般采用独立运营方式，即各国输电运营机构负责本国电网调度运营；而电力交易中心一般采用多国联合的方式，甚至一些国家（如英国）存在多个电力交易中心。目前欧洲较大的电力交易所有欧洲能源交易所（European Energy Exchange，EEX）欧洲电力现货交易所（EPEX SPOT）、北欧电力交易所（Nord Pool，NP）、欧洲商品清算所（ECC）等。

1. 欧洲能源交易所（EEX）

EEX 作为欧洲电力市场化交易平台，面向欧洲 20 个主要市场推出丰富的电力期货和期权产品，既可现金结算，也可在现货市场进行实物交割，为中长期投资组合优化提供了便利。EEX 与 EEX 集团位于美洲的 Nodal Exchange 交易所携手在全球电力交易领域排名第一。

Phelix – DE 期货是该交易所中的典型电力期货金融合约。Phelix – DE 期货有峰荷和基荷交易类型，可供交易的合约到期日包括日、周末、周、月、季和年期货。在德国/奥地利价格区域的潜在分割生效之前，由 EPEX SPOT 现货计算的 Phelix 日基价或 Phelix 日峰值指数构成 Phelix – DE 期货基础标的物。目前，德国市场区域的参考价格是基于 EPEX SPOT 现货市场区域确定的小时价格。此后，Phelix – DE 期货将根据德国日前交易的拍卖价格进行结算。市场参与者可以选择在现货市场安排电力的实物交割（EEX 与 EPEX SPOT 合作，提供实物交割服务。根据参与者在 EEX 电力期货产品中的头寸，在相应的 EPEX SPOT 现货日前拍卖中进行投标。该项服务适用于同时获准参与 EEX 电力期货市场和 EPEX SPOT 电力现货市场的交易参与者，目前 EEX 中可以进行实物交割的电力期货合约有 Belgian Future、Dutch Future、French Future）。

2. 欧洲电力现货交易所（EPEX SPOT）

EPEX SPOT 是欧洲电力交易所，是德国、法国、英国、荷兰、比利时、奥地利、瑞士和卢森堡的电力现货交易市场，主要交易日内结算或者日前结算的电力现货产品。2015 年，EPEX SPOT 与 APX 集团合并。推进欧洲电力市场一体化是 EPEX SPOT 的主要目标。

EPEX SPOT 提供了一个市场，交易所会员在规定的交货区域发送订单以购买或出售电力。根据公共交易所规则，以透明的方式匹配这些订单。作为这个过程的重要结果，EPEX SPOT 广播交易产生的价格。这些价格是批发市场化交易的基准，它们确保最终消费者具有竞争力的价格，这些消费者可以自由地在众多电力供应商之间进行选择。EPEX SPOT 为生产商、供应商和传输系统运营商及工业消费者提供了关键的流动性出口，以在短期内完成其销售或购买。

3. 北欧电力交易所（Nord Pool）

Nord Pool 是一家股份制公司，其所有人包括北欧输电系统机构 StatnettSF（挪威）、SvenskaKraftnt（瑞典）、FingridOyj（芬兰）、Energinet.dk（丹麦），以及波罗的海输电机构系统 Elering、Litgrid、Augstspriegumatikls（AST）。北欧电力交易所通过向注册参与市场化交易成员收取固定的年费及与交易电量相关的变动费用作为盈利来源。该交易市场主要负责运营北欧及波罗的海国家的日前及日内市场，来自 20 多个国家的 380 家公司在此进行交易。北欧电力交易所通过设立保证金制度作为安全保障机制，参与北欧电力现货市场化交易的成员均须交纳保证金，以保证市场成员足够支付其选择的合约；保证金可以担保账户的现金形式交纳，也可以见索即付保函的形式交纳。

Nord Pool 为客户提供日前和日内交易、清算和结算服务，在北欧、波罗的海、中欧和英国市场提供高效、简单和安全的日前交易，在北欧、波罗的海、英国、德国、法国、荷兰、比利时和奥地利市场提供日内交易。

Nord Pool 与欧洲大陆的 360 家独立公司密切合作，拥有独特的优势，能够带来泛欧电力交易的优势。自 2019 年 7 月 2 日起，中欧市场开始交易。2018 年 6 月，Nord Pool 还在法国、奥地利、比利时和荷兰开设了日内市场。Nord Pool 是 15 个欧洲国家的指定电力市场运营商（NEMO），同时为克罗地亚和保加利亚的电力市场提供服务。

4. 欧洲商品清算所（ECC）

ECC 是欧洲能源和相关产品的中央结算所。ECC 在卢森堡设有全资子公司。欧洲商品清算卢森堡有限公司（ECC Lux）于 2009 年开始运作，在 ECC 结算的现货市场商品交割方面，它作为额外的合同伙伴进入交付链。

目前，ECC 为 EEX 亚洲分公司、EEX、EPEX SPOT、匈牙利衍生能源交易所（HUDEX）、匈牙利电力交易所（HUPX）、诺雷克斯科电力交易所、欧洲电力交易所（PXE）和塞莫克斯的合作伙伴交易。ECC 是许多欧洲国家传输系统运营商的公认合作伙伴，并具有相关的国家排放和能源证书登记册。因此，ECC 确保电力、天然气和排放限额的实际结算。ECC 作为核心交易角色，承担交易对手风险。为了保证交易的完成，ECC 实施了符合监管标准的保证金制度（EMIR、CPSS−IOSCO）。

ECC 支持交易参与者，并且是全天候结算问题的单一联络点。ECC 专门从事并负责电网能源（电力、天然气）和能源相关产品（排放限额）的物理结算。ECC 保证财务履行，并为合作伙伴交易所完成的所有现货市场化交易的购买和销售进行现金清算，同时所有付款均以净额结算，以降低清算成本。

2.3.2.2 美国电力市场的交易机构

1. 得州电力可靠性委员会（ERCOT）

ERCOT 是一个独立系统运营商，负责得州电网的运营；ERCOT 同时也具有电力交易中心的职能，负责得州电力批发市场的运营并为交易主体提供财务结算服务。

ERCOT 是一个受得州公共事业委员会和得州立法机构监管的非盈利企业，采用会员制并由董事会直接管理，接受州政府管辖。董事会由独立会员、消费者及 ERCOT 电力市场各部门代表组成。技术顾问委员会通过其五个附属委员会及多个任务小组和特别小组的协助为董事会提供政策建议。ERCOT 的成员包括普通电力用户、合作企业、发电企业、电力市场营销人员、电力零售商、私有电力企业（输配电供应商）及国有电力企业。

2. PJM 电力市场

PJM 电力市场是目前美国最大的区域电力市场。PJM 电力市场是由美国宾夕法尼亚州（Pennsylvania）、新泽西州（New Jersey）和马里兰州（Maryland）地方电力公司协议成立的区域联营独立组织，PJM 电力市场目前负责美国大西洋沿岸 13 个州及 1 个特区的电力系统运行与管理，以及电力市场的运营与结算。

2.3.3　电力市场运行机制

当前世界各国的电力市场运行机制可归纳为以下 5 类。

1. Pool 模式

Pool 模式是英国电力市场改革初期采用的电力联营体模式，由发、供电公司组成批发形式的电力联营体，英国国家电网公司负责运行电力市场的交易机构。简言之，Pool 模式的基本运作方式即所有发电公司向电网公司卖电，所有供电公司向电网公司购电。市场运行过程分为两部分：一部分是电网公司根据各发电公司的报价决定最经济的购电计划，核心在于制订购电与售电价格；另一部分是根据实际运行情况进行经济结算。这种模式的特点是：① 模型简单，易于操作，电力交易所与系统操作员同属于电网公司，系统操作与原来垂直一体化的经济调度基本一致；② 采用暗标拍卖的方式；③ 采用统一的市场清算价；④ 输电网的运行费用及其他花费都由电力用户负担。Pool 模式下由于电力交易中心和系统运营商同属于一个公司，使电网的权力过大，市场的透明度不高，调度不公的问题依然存在。

2. NETA（new electricity trading arrangements）模式

英国第二次电力改革实施的市场模式为 NETA 模式。NETA 模式的基本原则是通过自由谈判、签订双边或多边合同形式完成大宗购电和售电交易，剩余的现货和实时电力交易通过电力交易中心进行；NETA 模式建立了期货市场、远期市场、现货市场和平衡机制并存的市场格局。NETA 模式的采用，使电力批发市场中引入更多的竞争，电力趸售价格和终端电力用户的电价得以降低；其平衡机制为各方的合同与实物电力交付之间的不平衡量提供一种结算机制。NETA 模式交易方式丰富，为市场引入了更多的竞争，简化了报价形式，增强了市场透明度和稳定性，强化了对市场投机行为的限制力度。

3. Nord Pool 模式（北欧电力交易所）

北欧电力交易所是北欧跨国电力市场的电能交易运营公司。北欧跨国电力市场是一个多国参与的电力市场，市场中拥有 5 个主干电网公司（分属于 4 个国家），设立一个统一的电力调度机构——输电系统运营者，负责实时市场和辅助服务市场的运营；各国国内的区域电网公司和地方电网公司也设有电力调度部门，服从上一级主干电网的统一调度。北欧跨国电力市场中同时拥有地区供电网络与发电厂的一体化电力公司、拥有发电厂但不拥有供电网络的电力公司、电力零售商、终端电力用户都可参与市场化交易，进行申报购售电量及价格。目前，北欧跨国电力市场包括电力批发市场、零售市场、实时市场和辅助服务市场。北欧跨国电力市场的重要特征是非强制性的电力联营交易市场与包含物理合同或金融合同的双边市场。

4. PX+SO 独立运营模式

该模式为电力交易中心与系统运营商独立运营的模式，以美国加州电力市场为代表，虽然 2000 年加州出现电力危机，但该模式仍极具借鉴意义。在此模式下，电力供应商可直接和电力用户签订合同，电力交易中心作为电能交易竞价中心发布信息，按供需曲线确定市场出清电价，并以市场出清电价作为电能交易结算依据；同时，成立一个独立的系统运营机构，通过运营方式的制定、实时调度、系统监控、在线安全分析、市场管理及经营辅助服务，以保证系统的安全运行。

5. PX+SO 合并运营模式

美国加州电力危机后，PJM 电力市场成为美国现阶段电力市场运营的成功样板，PJM 电力市场是电力交易中心与系统运营商合并运营模式的典型代表。在 PJM 电力市场中，电网所有权独立，电力调度机构和电力交易机构一体化运作，称为联络办公室。PJM 电力市场的交易品种可分为电能量市场、容量信贷市场、金融输电权市场和辅助服务市场，其中容量信贷市场在引导发电公司的行为、提供长期的经济信号、激励外部资金的进入等方面发挥了重要的作用。

2.4 电力市场规则基本理论

2.4.1 电力市场规则的定义

电力市场规则是电力市场经济运行的基本行为规范和准则。电力市场运行中需要一系列的监督机制及法律法规来规范其运作流程，因此需要制定相应的电力市场规则，来规范电力市场中每个市场主体的各种行为以保证该市场正常运行。

电力市场规则的制定应对每个市场主体都有约束力，同时还包括对市场监管部门的权利和义务，电力市场的交易体系、交易品种、交易模式、电价、计量与结算等方面的规定。引导电力市场中各主体开展有序竞争，规范电力市场秩序，保证电力交易的公开、公平、公正进行，优化资源配置，促进电力市场的健康、有序、稳定发展，这些都是制定电力市场规则要达到的目标。

2.4.2　电力市场规则的构成

电力市场规则是反映市场主体的行为规则及处理各主体之间相互关系的准则，主要包含以下四个方面的基本内容：

（1）电力市场进出规则。电力市场进出准则是指电力市场主体进入或退出整个市场化交易的行为。它可以细化分为市场进入规则和市场退出规则。

（2）电力市场化交易规则。电力市场化交易规则是电力市场主体进行市场化交易活动时所必须遵守的行为准则与规范。交易规则对入场交易的具体方式、交易行为的选择和交易物品的定价等方面进行详细的规定，使市场主体从事交易时有理有据，实现电力交易的快捷、便利、合规。由于交易活动是市场上的基本活动，市场化交易秩序是市场秩序的核心内容，所以市场化交易规则被认为是市场规则中最主要的规则。

（3）电力市场结算规则。电力市场结算规则是指市场主体采用具体价格和数量结算方法的规则，在结算中，往往还涉及网损和一些附属性服务费用的问题。

（4）电力市场监管办法。在电力市场发展中，为保证市场竞争行为的公平、市场化交易的顺利，以及市场争端的解决，需要政府设定一定的机构进行有效的监管。针对监管机构的监管行为所制定的规则构成市场监管办法。

基于电力市场的基本概念与基本理论，本书第 3 章主要讲述江苏省电力市场化交易主体的准入与退出规则；第 4 章主要讲述江苏省电力市场化交易规则；第 5 章主要讲述江苏省电力市场电能计量与结算规则。

思考题

1. 国外典型电力市场运营环境下的市场化交易实体有哪些？

2. 在核定输配电价的体系下，核定输配电价的原则是什么？其具体内涵包括哪些部分？

3. 简单阐述现货市场与期货市场的相互关系。

第3章
电力市场主体的准入与退出

在电力市场运营过程中，准入与退出规则是各类主体参与电力交易的基础，是电力交易得以稳定持续的保障。准入与退出规则的合理、高效是电力市场各类主体市场参与权的有力保证。本章着重阐述准入与退出规则，主要内容为电力交易中各类主体准入与退出规则的要点，包括各类主体的准入条件等，跨省、跨区各类主体的准入与退出规则及市场注册管理的具体要求，各类主体在电力市场准入与退出的实践过程中遇到的典型案例。

电力市场主体的准入与退出规则架构如图 3-1 所示。

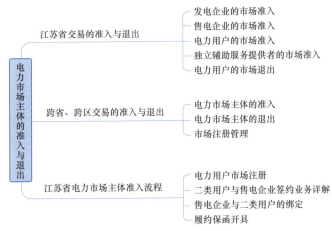

图 3-1　电力市场主体的准入与退出规则架构

3.1 江苏省交易的准入与退出

3.1.1 发电企业的市场准入

（1）符合国家基本建设审批程序并取得电力业务许可证（发电类）的省内发电机组，按照自愿原则参与售电市场化交易。

（2）发电企业应具有独立法人资格，财务独立核算，能够独立承担民事责任；内部核算的发电企业经法人单位授权，可参与售电市场化交易。

（3）参与售电市场化交易的发电企业必须正常投运环保设施，符合国家和省级污染物排放、煤炭消费总量控制等要求，并能按照要求定期将售电交易电量等相关信息上传至电力交易中心和政府部门网站。

（4）并网自备电厂参与售电市场化交易，须公平承担发电企业社会责任，承担国家依法合规设立的政府性基金及附加，以及与产业政策相符的政策性交叉补贴，并支付系统备用费。

3.1.2 售电企业的市场准入

1. 不拥有配电网运营权的售电企业

（1）已经按照《中华人民共和国公司法》进行工商登记注册，经营范围包含售电业务，具有独立法人资格。

（2）售电企业资产总额不应低于 2000 万元（人民币，下同），实行年售电量与资产总额 T 挂钩的制度：当 2000 万元≤T≤1 亿元时，可参与年售电量不高于 30 亿 kWh 的售电业务；当 1 亿元<T≤2 亿元时，可参与年售电量不高于 60 亿 kWh 的售电业务；T>2 亿元时，不限制其售电量。

（3）售电企业应拥有固定营业场所，具备与售电规模、服务范围相适应的技术信息支持系统、客户服务平台，能够满足参加市场化交易的信息报送、报价挂单、合同签订、客户服务等功能，能按照要求定期将签约电力用户的电量等信息上传至电力交易中心和政府部门网站。

（4）售电企业应当拥有 10 名及以上非兼职挂靠的电力等专业人员，其中至少有 1 名高级职称和 3 名中级职称的专业管理人员，具备电能管理、节能管理、市场经营等能力。

（5）售电企业无不良信用记录，按照规定要求做出信用承诺，确保诚实守信经营。

（6）售电企业签约的所有电力用户年度用电量总和达到 4000 万 kWh 及以上，具备参与售电市场化交易的资格。

（7）售电企业在参与售电市场化交易前，应根据签约用户年度用电量总和的不同，向电力交易中心提供相应的银行履约保函。当签约电量 $p<6$ 亿 kWh 时，售电企业需提供不低于 200 万元的银行履约保函；当 6 亿 kWh$\leqslant p<30$ 亿 kWh 时，售电企业需提供不低于 500 万元的银行履约保函；当 $p\geqslant 30$ 亿 kWh 时，售电企业需提供不低于 2000 万元的银行履约保函。

发电企业及其他社会资本均可投资成立售电企业，电网企业可依法成立或吸收社会资本设立售电企业，已具有法人资格且符合售电企业准入条件的发电企业、电力建设企业、高新产业园区、经济技术开发区，以及供水、供气、供热等公共服务企业或节能服务公司等可到工商部门申请业务范围增项，并履行售电企业准入程序后，开展售电业务。另外，鼓励售电企业提供智能用电、综合节能和合同能源管理等增值服务。

2. 拥有配电网运营权的售电企业

拥有配电网运营权的售电企业除满足上述准入条件外，还需具备以下条件：

（1）经营范围包含配售电或电力供应等业务，具有与配电网投资规模相适应的投资能力，注册资本不低于其总资产的 20%。

（2）按有关规定取得电力业务许可证（供电类）。

（3）与从事配电业务相匹配，非兼职挂靠的电力技术人员、营销人员、财务人员等不少于 20 人，其中至少拥有 2 名高级职称和 5 名中级职称的专业管理人员。

（4）生产运行负责人、技术负责人、安全负责人应具有 5 年以上与配电业务相匹配的从业经历，且具有中级及以上专业技术任职资格或者岗位培训合格证书。

（5）具有健全有效的安全生产制度和组织，并能够按照相关法律规定开展安全培训工作，配备安全监督人员。

（6）具有与承担配电业务相匹配的机具设备和维修人员，其中对外委托有资质的承装（修、试）队伍的，需承担监管责任。

（7）具有与配电业务相匹配，并符合调度标准要求的场地设备和人员。

（8）承诺履行电力社会普遍服务、保底供电服务的义务。

3.1.3　电力用户的市场准入

目前，参与电力市场化交易的电力用户是用电电压等级为 10kV 以上的大工业和一般工商业用户❶，即对照电力用户电费核查联，执行如表 3-1 所示虚线框内电价的用户。电力用户可细分为一类用户和二类用户。一类用户是指与发电企业直接交易购电的电力用户，二类用户是指向售电企业购电的电力用户；一类用户的最高用电电压等级需在 35kV 及以上，二类用户的用电电压等级需在 10kV 及以上❷；电压等级在 35kV 及以上的电力用户可以自主选择作为一类用户或者二类用户参与市场化交易，电压等级小于 35kV 的电力用户参

---

❶　少量电力用户存在生活用电，执行居民电价部分的电量不能参与市场化交易。

❷　随着江苏省电力市场化交易规模由 2017 年的 1350 亿 kWh 扩大到 2018 年的 1900 亿 kWh，再到 2019 年进一步扩大到约 3000 亿 kWh，市场电力用户准入条件也逐步放宽。2018 年，二类用户的电压等级要求为 20kV 及以上，或已参与电力直接交易的 10kV 电力用户；2019 年，二类用户的电压等级要求变为 10kV 及以上。

与市场化交易只能作为二类用户。

表 3-1 　　　　　**江苏省电网销售电价表**

（自 2019 年 7 月 1 日起执行）　　　　单位：元/kWh

用电分类			电能电价						基本电价	
			不满 1kV	1~ 10kV	20~ 35kV 以下	35~ 110kV 以下	110kV	220kV 及以上	最大需量 [元/ (kW·月)]	变压器容量 [元/(kVA· 月)]
一、居民生活用电	阶梯电价	年用电量小于或等于 2760kWh	0.528 3	0.518 3						
		年用电量大于 2760kWh，且小于或等于 4800kWh	0.578 3	0.568 3						
		年用电量大于 4800kWh	0.828 3	0.818 3						
	其他居民生活用电		0.548 3	0.538 3						
二、一般工商业及其他用电			0.671 5	0.646 5	0.636 5	0.621 5				
三、大工业用电				0.641 8	0.635 8	0.626 8	0.611 8	0.596 8	40	30
四、农业生产用电			0.509 0	0.499 0	0.493 0	0.484 0				

另外，电力用户的市场准入还应符合以下规则：

（1）具有独立法人资格，财务独立核算，信用良好，能够独立承担民事责任，在电网企业独立开户、单独计量的企业（户号户名一致，不存在转供电）；经法人单位授权内部核算的独立机构电力用户，其授权法人单位也应满足上述要求。电力用户以工商营业执照注册名称和企业信用代码进行管理，并按在电网企业登记的用电户号为单位参与市场购电。

（2）符合电网接入规范，满足电网安全技术要求。

（3）符合国家和省级产业政策，单位能耗、污染物排放均应达到国家和省级规定的标准。实行差别电价和惩罚性电价的企业，不得参与售电市场化交易❶。

（4）拥有自备电源的电力用户应按规定承担国家依法合规设立

---

❶ 不能参与市场化交易企业的负面清单可在江苏电力交易中心官方网站查看。

的政府性基金及附加，以及与产业政策相符合的政策性交叉补贴和系统备用费。

（5）拥有分布式电源或微电网的电力用户可以委托售电企业代理购售电业务，微电网电力用户应满足微电网接入系统的条件。

3.1.4 独立辅助服务提供者的市场准入

拥有电储能设备、具备需求侧响应（如可中断负荷）等条件的企业可参与辅助服务市场化交易；独立辅助服务提供商，经技术测试合格后，按相关交易规则参与售电市场化交易。

3.1.5 电力用户的市场退出

市场主体退出市场化交易的场景主要包含以下几类：

（1）自愿退出。市场主体在履行完交易合同和交易结算的情况下，可自愿申请退出市场。一类用户参与售电市场化交易后自愿退出的，须转为二类用户。

（2）因不满足市场准入条件，被动退出。当已完成注册的市场主体不能继续满足市场准入条件时，经江苏能源监管办会同政府电力主管部门核实后予以撤销注册，并从市场主体目录中剔除。由电力用户属地电网企业或其他拥有配电网运营权的售电企业履行保底供电义务，保底供电价格在电力用户缴纳输配电价的基础上，暂按照政府价格主管部门核定的居民目录电价的 1.2 倍执行。

（3）强制退出。市场主体存在违反国家有关法律法规和产业政策规定、严重违反市场规则、发生重大违约行为、恶意扰乱市场秩序、未按规定履行信息披露义务、拒绝接受监督检查等情形的，由江苏能源监管办会同政府电力主管部门勒令其整改，或强制其退出市场，同时记入信用评价系统。被强制退出市场的电力用户原则上 3 年内不得再进入市场，由电力用户属地电网企业或其他拥有配电网运营权的售电企业履行保底供电义务，保底供电价格在电力用户缴纳输配电价的基础上，按照政府核定的居民目录电价的 1.2 倍执行。

3.2　跨省、跨区交易的准入与退出

3.2.1　电力市场主体的准入

参加跨省、跨区交易的主体为具有独立法人资格、财务独立核算、信用良好、能够独立承担民事责任的经济实体，包括发电企业、售电企业、电力用户。其中，内部核算的发电企业（电网企业保留的调峰、调频电厂除外）、电力用户经法人单位授权，可参与相应市场化交易。

市场主体采取注册制度获得参与市场化交易的资格，参与市场化交易的发电企业、售电企业、电力用户应符合国家及开展业务所在省（区、市）的有关准入条件，并按程序完成注册后方可参与电力市场化交易。发电企业、电力用户按政府发布的交易主体动态目录进行注册，售电企业按《售电公司准入与退出管理办法》❶《售电公司市场注册规范指引（试行）》和开展业务所在省（区、市）的有关规定履行注册、承诺、公示、备案等手续。

原则上，参与市场化交易的电力用户、售电企业的全部电量进入市场，鼓励发电企业的全部电量进入市场，不得随意退出市场。进入市场的电力用户、售电企业取消目录电价。具体可参与交易的市场主体名单或范围，以北京电力交易中心发布的交易公告为准。

1. 发电企业的市场准入

参与跨省、跨区交易的发电企业一般为政府明确跨省消纳的发电企业、纳入省政府市场化交易主体动态目录的发电企业，以及其

❶ 《售电公司准入与退出管理办法》（发改经体〔2016〕2120 号）。

他经国家有关部门或省政府同意的可参与省间交易的发电企业，符合国家产业政策、国家规定的环保设施正常投运且达到环保标准要求，并依法取得核准和备案文件，获得电力业务许可证（发电类）。发电企业可委托电网企业代理参与省间交易，其中小水电、风电、光伏发电等可再生能源企业也可委托发电企业代理，委托必须签订委托协议；自备电厂暂不参与省间交易。

2. 电力用户的市场准入

（1）列入省（区、市）政府市场化交易主体动态目录。

（2）符合国家和地方产业政策及节能环保要求，落后产能、违规建设和环保不达标、违法排污项目不得参与市场化交易。

（3）拥有自备电源的电力用户应当按规定承担国家政府性基金及附加、政策性交叉补贴和系统备用费。

（4）委托电网企业、售电企业代理参与省间交易的电力用户，必须有委托协议。

3. 售电企业的市场准入

按照国家发展改革委、国家能源局发布的《售电公司准入与退出管理办法》的有关规定执行。完成电力交易平台注册手续，并列入开展业务所在省（区、市）的准入售电企业名单。

3.2.2 电力市场主体的退出

市场主体有以下情形的，经相关政府电力管理部门和国家能源局及派出机构核实后，应进行整改：

（1）市场主体违反国家有关法律法规和产业政策规定。

（2）严重违反市场规则。

（3）发生重大违约行为。

（4）恶意扰乱市场秩序。

（5）未履行定期报告披露义务。

（6）拒绝接受监督检查。

拒不整改的市场主体将被列入黑名单，按有关规定强制退出市场，有关法人、单位和机构情况记入信用评价体系，不得再进入市场。

退出省间交易的市场主体，由北京电力交易中心或相关电力交易机构对其参与省间市场化交易权限进行注销处理，并向社会公示。强制退出的市场主体，应按合同承担相应违约责任，原则上 3 年内不得参与电力市场化交易。自愿退出的市场主体，应按合同承担相应违约责任，原则上 2 年内不得参与电力市场化交易。

售电企业因运营不善、资产重组或者破产倒闭等特殊原因退出市场的，应至少提前 45 天以书面形式告知国家能源局或相应派出机构、北京电力交易中心及电网企业、电力用户、发电企业等相关方。退出之前，售电企业应将所有已签订的购售电合同履行完毕或转让，并处理好相关事宜。

电力用户无法履约的，应至少提前 45 天以书面形式告知电网企业、售电企业、发电企业、电力交易机构等相关方，将所有已签订的购售电合同履行完毕或转让，并处理好相关事宜。

3.2.3　市场注册管理

北京电力交易中心应建立市场注册管理工作制度，由市场管理委员会审议通过后，报国家发展改革委、国家能源局备案后执行。

1. 注册申请

市场主体注册申请材料，包括但不限于：

（1）公司法定代表人（或委托代理人）签署的书面申请，内容包括申请的交易主体类别、公司名称、公司通信地址、邮政编码、联系人、联系电话、电子信箱地址等。

（2）公司的企业法人营业执照复印件。

（3）相应的电力业务许可证复印件（如有）。

（4）公司最近 3 年经会计师事务所审计的企业法人年度财务报告或验资报告及国家有关部门规定的其他相关会计资料。

（5）公司章程、公司股权结构及股东的有关情况。

（6）发电企业提交所有机组的详细技术参数，包括机组装机容量、最大出力、最小出力等。

（7）发电企业还需提交有关自动化系统、数据通信系统等技术条件满足电力市场要求的证明材料，包括具备符合计量规则的计量设备、具备电力调度数据网络接入条件、数据网络满足电力二次安全防护条件、接入电力市场技术支持系统的终端设备或系统满足电力二次安全防护条件、电厂需提供远动信息接入及自动发电控制（AGC）能力并符合所属专业管理的技术标准和《并网调度协议》的要求。

（8）售电企业提交的有关信息，包括经营范围、资产总额、拟售电量规模、配电网有关情况及关联电力用户的信息（如有）等。

（9）电力用户及其用电单元提交有关信息，包括用电地址、接入电压、计量关口等。

（10）电网企业提交有关信息，包括供电范围、最高电压等级、电网接线图等有关信息。

2. 注册流程

北京电力交易中心应自市场主体提交注册申请之日起 5 个工作日内受理或发出补正通知：对申请材料齐备的，应通知申请单位已经受理；对申请材料不齐备的，应通知申请单位补齐；申请单位必须自通知发出之日起 10 个工作日内按要求补全资料，按照规定的格式向北京电力交易中心补充注册申请内容。对申请材料不符合要求的，应通知申请单位修改和补充；申请单位必须自通知发出之日起 20 个工作日内按要求完成。申请单位修改和补充材料的时间不计算在审查工作时限内。北京电力交易中心对不予注册的，应当通过电力交易平台通知申请单位并说明理由。

电力交易机构按规定披露相关信息，包括但不限于已注册的发电企业、售电企业和电力用户的名单、联系方式等相关信息。已经在北京电力交易中心和省（区、市）电力交易机构完成注册的市场主体，通过北京电力交易中心与各省（区、市）电力交易机构的信息交互实现市场主体信息共享。

只参加省间交易的市场主体直接在北京电力交易中心注册；同时参加省间交易和省内交易的市场主体可以自愿选择在北京电力交易中心或所在省的电力交易机构注册，无须重复注册；售电企业注册按照《售电公司准入与退出管理办法》和《售电公司市场注册规范指引（试行）》执行。

对北京电力交易中心的决定有异议的，申请单位可以在收到处理通知之日起 30 日内向电力市场管理委员会提请复议。

已通过注册的市场主体，应办理北京电力交易中心技术认可的数字交易证书，由北京电力交易中心或所在省的电力交易机构通过电力交易平台为每一市场主体分配交易权限。

3. 注册变更

市场主体注册变更时，发电企业、电力用户可向原注册地交易中心提出注册变更申请，售电企业注册变更须按照《售电公司市场注册规范指引（试行）》的相关规定执行。有关电力交易中心按照注册管理工作制度的相关规定办理，信息变更包括但不限于：

（1）因新建、扩建、兼并、重组、合并、分立等导致市场主体股权、经营权、营业范围发生变化的。

（2）企业更名、法人变更的。

（3）企业主要产品类型更换的。

（4）发电企业通过设备改造、大修、变更等，关键技术参数发生变化的。

（5）企业银行账号变更的。

（6）其他与市场准入资质要求相关的信息变更等。

4. 注销流程

出现下列情况之一者，北京电力交易中心应注销其市场主体资格：

（1）已注册的市场主体发生破产、关停等变化，应通过电力交易中心平台提出申请，经国家能源局派出机构核实后，报原注册地电力交易机构办理注销手续。

（2）对违反市场规则、不能继续满足市场准入条件的市场主体，按规定列入黑名单，并由国家能源局派出机构对其进行处罚，由原注册地电力交易机构进行注销处理。

市场主体资格注销后，必须执行下列规定：

（1）该市场主体必须按规定停止其在市场中的所有交易及活动。

（2）该市场主体必须结清与所有相关市场主体的账目款项。

（3）该市场主体应将所有已签订的交易合同履行完毕或转让，并妥善处理相关事宜。

（4）该市场主体与其他市场主体存在的争议按照此前合同约定解决。

3.3　江苏省电力市场主体准入流程

3.3.1　电力用户市场注册

1. 新电力用户准入流程

目前，新电力用户准入流程需经过如图3－2所示的"申请、评估、公示、承诺、注册"五个环节。

图3－2　新电力用户准入流程

各环节的具体内容如下：

（1）申请。电力用户填写"入市申请表"。

（2）评估。年底政府相关部门及监管机构按照下一年度电力用户准入条件，采用负面清单制对电力用户进行评估。

（3）公示。经过负面清单制评估后，电力交易中心在交易平台进行公示。

（4）承诺。对于已公示无异议的电力用户，签署电力用户信用承诺书。

（5）注册。电力用户在电力交易中心官方网站提交注册申请，填写企业基本信息，按要求上传 PDF 格式的工商营业执照、电力用户信用承诺书、电费发票核查联等附件。

在实际提交资料时，电力用户在申请入市时同时提交"入市申请表"和"信用承诺书"，可缩短等待时间。以上相关文件及表格可在江苏电力交易中心官方网站查询下载，或可由合作的售电企业协助准备材料。

2. 一类用户入市流程

一类用户入市流程如图 3-3 所示，符合条件的一类用户在年度交易开始前向电力交易中心提交"一类用户申请表"（具体时间根据交易中心文件通知执行），由电力交易中心负责审核，审核通过后电力用户可参与年度、月度电力市场化交易。以上相关文件及表格可在电力交易中心官方网站查询下载，或可由合作的发电企业协助准备材料。

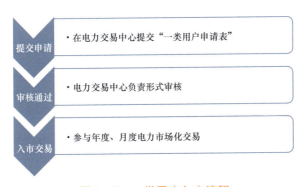

图 3-3　一类用户入市流程

3. 二类用户入市流程

符合条件的二类用户需完成"两签两绑定"（如图 3-4 所示）后才能生效入市，具体流程如下：

（1）电力用户与售电企业签订购售电合同。

（2）售电企业准备相关资料向电力交易中心提交线上绑定申请。

（3）电力交易中心受理线上绑定申请后，电力用户签订电力市场二类用户购售电三方服务协议，向电力用户归属地的供电公司提交线下绑定申请。

（4）线下绑定申请通过后，经电力交易中心审核通过，该电力用户正式生效入市，可由合作的售电企业参与年度、月度电力市场化交易。

注：当年新投产的电力用户在供电营业厅完成报装手续后即可申请入市；之前投产且未参与市场的电力用户错过当年入市交易时间，只能申请次年参与市场化交易。

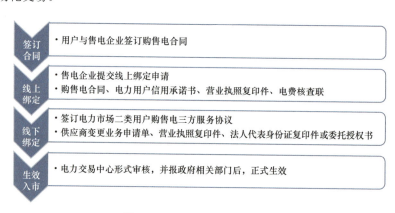

图 3-4　二类用户入市流程

3.3.2　二类用户与售电企业签约业务详解

3.3.2.1　选择诚信可靠的售电企业

一般基于以下几点要素选择诚信可靠的售电企业：

（1）在电力交易中心注册生效后，可在电力交易中心官方网站查询公示结果。

（2）在电力交易中心签订入市协议，并缴纳足额履约保函，且履约保函在有效期内，可在电力交易中心官方网站查询售电企业履约保函的递交情况。

（3）从投资方、注册资本、市场化交易电量等角度了解售电企业的背景、规模，以及其对长协电量的保障能力和是否打算长期从事售电行业的企业发展规划[1]。

（4）基于是否存在未按照合同约定与电力用户进行结算等不良记录，考察售电企业的信誉、信用、合同条款履约情况。

3.3.2.2 购售电合同方案解析

1. 电力用户的价格方案

方案一：固定价差，即所有电量的价格在目录电价基础上优惠一个固定值。

方案二：全电量比例分成，即所有电量的价格按照年度交易电量、月度交易电量的价差以一定的比例进行分成。

方案三：长协固定价差、竞价比例分成，即年度交易电量的价差固定，月度竞价交易电量的价格按照月度交易出清价差以一定的比例进行分成。

2. 购售电合同的重要条款

电力用户与售电企业可在能源监管机构官方网站下载标准合同文本，需重点关注合同中的以下内容：

（1）明确电量的组成、价格和分成（年度合约交易电量、月度合约交易电量、价差、分成比例）。

（2）明确偏差考核的责任范围。

（3）明确优惠结算电量（是否按实际电量结算，年度交易电量、月度交易电量的比例是否一定，有无先后结算顺序）。

---

[1] 2018年，有售电企业在年度交易市场上未买到长协电量而主动申请退出市场。

（4）明确输配电和政府性基金部分收益的归属。

（5）明确在合同执行周期内政府关于电价政策变动时的联动方案。

3.3.2.3 风险控制

偏差考核风险：电力市场化交易规则中规定月度实际用电量与月度合同电量偏差在±3%以内无考核费用；超过±3%偏差范围将收取考核费用，目前考核费用执行月结月清❶。

合同履约风险：合同中关于违约责任的约定，是双方控制履约风险的重要依据。

重复签订合同风险：目前市场上有部分电力用户与不同售电企业重复签订合同，这种行为不符合规则要求，也会影响电力用户正常入市参加交易❷。

3.3.3 售电企业与二类用户的绑定

售电企业应根据政府关于开展年度市场化交易工作的通知和电力交易机构发布的实施细则，在规定的时间内完成与签约电力用户的绑定。具体绑定流程如下：

（1）提交履约保函。售电企业（被保证人）必须提交商业银行开具的有效期限的银行履约保函作为担保。对上一年度公示生效且未参与当年电力市场化交易的售电企业如需参加下一年度交易，需按照售电企业注册要求重新提交材料并进行公示，公示期内不影响绑定的申请，但不办结绑定工作。

（2）绑定方式。一般按照先线上交易平台绑定，后线下供电营业厅签订三方服务协议的方式进行。

---

❶ 偏差考核结算周期由 2018 年"月结年清"、2019 年"月结季清"，到 2020 年发展为"月结月清"。

❷ 2019 年，江苏省市场上部分多签的电力用户未能按时入市，后在交易中心全力协调下，由地方供电公司再次征求电力用户最终选择意向，从 2019 年 3 月开始享受优惠。2018 年，广东省市场上发生售电企业将多签的电力用户告上法庭并胜诉的案例。

（3）绑定流程。目前按两周一循环办理，第一周为网上申报期，在工作日按照日期序列开放绑定；第二周为公示和资料查验期。

1）售电企业网上申请。售电企业凭电力用户名密码、数字安全证书登录电力交易中心平台，选择对应批次的存量电力用户绑定序列申报，上传与零售市场电力用户签订的购售电合同全本，提交电力交易机构受理，合同上传内容必须清晰标明双方企业的基本情况、绑定周期、生效条件、签字页，以及必要的授权证明（本次是存量电力用户绑定，如存量电力用户的基础资料没有变化，不需要重新上传营业执照、信用承诺书等基础材料）。

2）电力用户的核对。所有由售电企业提交绑定申请的电力用户，如已向交易中心提供企业授权短信、授权邮箱，交易中心主动将绑定申请信息发送到授权的手机短信或邮箱与电力用户进行核对；其中，对电力用户明确表达反对意见的申请，纳入争议处理。

对于未提供授权短信、授权邮箱的电力用户或接收交易中心发送的核对信息失败的电力用户，还可以在地方营业厅三方服务协议签订时，再次核对与售电企业的绑定关系；必要时，可以直接联系交易中心进行人工核对。

3）绑定公示。电力交易机构将所有受理通过的绑定申请，按照无重复绑定和有重复绑定进行分类，并按照自然周为最小统计周期，在行业内进行公示，公示期不低于 7 天。

4）争议处理。对在申请受理和公示过程中发现的重复绑定申请等情况，均纳入争议处理。电力交易机构向相关售电企业和电力用户发布风险提示，由涉及的售电企业和电力用户自行协商处理，并按照以下方式通知交易中心：

a. 如售电企业和电力用户经协商后，双方自愿撤销原有的绑定申请，请双方按照附件第二联格式，向交易平台提交撤销手续。未经电力用户书面确认，售电企业不得撤销已公示的绑定申请。

b. 电力用户可以对多家售电企业提交的绑定申请争议，在自愿承担法律风险的基础上，按照附件第三联的格式，做出唯一指定确认。

所有争议应在风险提示下发后的一周内解决，逾期未解决的，交易中心结合 2020 年电力市场电力用户侧放开电量总体规模和争议解决时间顺序，补办绑定手续，但不保证电力用户能够进入市场。如在争议解决过程中再次发生新的重复绑定争议，交易中心将不再办理该电力用户 2020 年度的绑定手续。

对于公示期结束无争议或争议已解决的绑定申请，电力交易机构不再接受、调整其他售电企业对此部分电力用户的绑定申请。

（4）签订三方服务协议。公示通过后，电力交易机构将办理三方服务协议的电力用户信息流转至各地市电网企业，由售电企业与电力用户到电力用户所在地供电营业厅据此签订三方服务协议。

对于电力用户因办理用电变更业务（如更名、过户、并户等影响主体资格信息的业务）或因欠费、违约用电及窃电等行为未及时处理影响三方服务协议签订的，如供电公司暂缓签订三方服务协议，相关售电企业、电力用户及时告知交易中心。待电力用户完成用电变更业务，或完成欠费、违约用电及窃电等违规行为处理后，由售电企业与电力用户重新进行绑定，交易中心结合 2020 年电力市场电力用户侧放开电量总体规模和处理时间顺序进行受理，但不保证电力用户能够进入市场。

（5）结算方案提交与核对。各售电企业在某一约定日期前[1]，对绑定生效的电力用户，严格依照双方购售电合同约定，按模板填写结算方案提交并协助交易中心完成与电力用户核对。

3.3.4　履约保函开具

电力市场履约保函约定，在履约保函有效期内保证人（一般为

---

[1]　2020 年为 1 月 15 日前。

银行）收到受益人提交的索赔文件且符合履约保函约定的，保证人将在收到索赔文件次日起 7 个工作日内在担保金额内向受益人付款。

3.3.4.1 索赔文件的约定

（1）经受益人有权签字人签字、加盖受益人公章的书面索赔声明正本，索赔声明须注明履约保函编号并申明如下事实：① 被保证人未履行合同；② 被保证人的违约事实。

（2）具有履约保函正本原件。

（3）为确保索赔文件的真实性，索赔文件须经受益人开户行确认签字、盖章真实、有效并经其提交保证人，寄送至约定地址。

3.3.4.2 其他约定

（1）保证人的担保责任/担保金额将随着被保证人的履约或保证人的赔付而相应递减。

（2）受益人将主合同项下的债权转让第三人时需经保证人书面同意，否则保证人在该保函项下的担保责任自动解除。

（3）未经保证人书面同意，履约保函不得转让、质押。

（4）履约保函自银行开具日期起立即生效，失效日期需专门约定。履约保函失效后，受益人应立即将履约保函正本原件退回保证人，但无论是否退回，履约保函自失效日起均视为自动失效，保证人在履约保函项下的保证责任和义务自动解除。在原履约保函失效前，应将银行新开具的履约保函送达电力交易中心。

（5）在履约保函履行期间，如发生争议，各当事人首先应协商解决；协商不能解决的，任何一方可向保证人所在地有管辖权的法院提起诉讼。

思考题

1. 作为售电企业，若遇到某签约电力用户在绑定或公示期间出现争议，应如何妥善处理？

2. 分别阐述二类用户与售电企业的购售电合同中关于约定电价的三种方案。

3. 一类用户与二类用户的定义是什么？其准入条件分别是什么？

4. 分别阐述电力用户"自愿退出""被动退出""强制退出"市场化交易的处理方案。

5. 售电企业在参与售电市场化交易前，向电力交易中心提供的银行履约保函与签约电力用户的年度用电量有何关系？

第 4 章
电力市场交易组织与合同管理

　　在电力市场建设中，开展的交易品种是否丰富、交易周期是否多样、交易方式是否科学、交易组织是否符合区域实际等，是衡量一个区域电力市场建设纵深程度的重要指标。本章主要介绍江苏省电力市场正在开展的交易品种，包括电力直接交易、抽水蓄能电量招标交易、合同电量转让交易及跨省、跨区购电等，电力直接交易又包括集中竞价、协商交易、挂牌交易等不同交易方式；交易周期，目前已基本实现年度、月度、月内的连续开市和多周期覆盖；年度交易和月度交易的量价关系；交易组织，包括年度交易组织和月度交易组织两部分结合江苏省电力市场已发布的政策，分别站在发电企业、一类用户、售电企业视角，提出参与电力市场的合理化建议。

　　此外，还介绍了电力市场的合同，包括合同基本要素、交易标的物、交割方式等；电力市场合同分类，包括发电企业与电网企业签订的购售电合同、售电企业与签约电力用户签订的购售电合同等，以及合同签订、合同履行、合同变更解除、合同违约和补偿、合同其他要求等内容。

　　电力市场交易组织与合同管理的架构如图 4－1 所示。

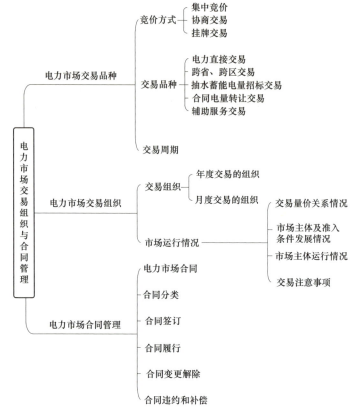

图 4-1　电力市场交易组织与合同管理的架构

4.1　电力市场交易品种

4.1.1　竞价方式

4.1.1.1　集中竞价

　　集中竞价交易广泛应用在证券、外汇、期货、黄金及一些大宗商品的交易之中，在交易规则和价格形成上普遍遵循通行做法。电力市场电能交易中，集中竞价是一个国内外经常采用的交易组织方式。电力市场集中竞价交易是指市场主体通过电力交易平台申报电量、电价，发电企业作为售方，售电企业和电力用户作为购方申报，电力交易机构考虑安全约束进行市场出清，经电力调度机构安全校核后，确定最终的成交对象、成交电量与成交价格等信息。

在不考虑安全约束和输电系统网络阻塞的情况下，电力市场电能交易无约束出清通常采用统一边际出清（marginal clearing price，MCP）和撮合出清（high-low matching clearing price）两种机制。MCP 即针对发电方和售电方的报价形成边际成本电价，无约束出清后所有成交的发电方和售电方都采用统一的边际成本电价。撮合出清则针对发电方和售电方的报价采用按序高低匹配的方式，逐对出清成交。上述两种出清方式在前期成交如何排序、双方如何配对上都一致，主要区别在于最后以何种价格作为成交价格。江苏省电力集中竞价目前采用 MCP 出清价格机制。

MCP 出清价格机制，具体是指在满足一定约束（如系统约束、机组约束、交易约束等）的条件下，按发电企业（或机组）报价由低到高的顺序分配发电负荷（即公平性准则），最后一个（台）满足系统负荷平衡的发电企业（或机组）的报价即为系统边际电价，所有成交电能统一采用系统边际电价结算的方式。虽然在实际应用过程中暴露出了该机制的一些不足，但到目前为止，大多数电力市场都采用这种价格机制。

在以 MCP 出清价格机制结算的电力市场中，无论发电企业报价高低，一旦被选中，则一律按统一的市场边际电价结算。市场出清价格通常取被选中调度发电企业中的最高报价。

图 4-2 直观地描述了 MCP 出清价格机制下市场出清价格的形成及市场中的总购电费用。图 4-2 中阶梯状向上的倾斜曲线为按报价由低

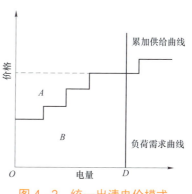

图 4-2 统一出清电价模式

到高排序以后构成的市场累加供给曲线，垂直于横轴的直线表示市场负荷需求曲线（在单边开放市场中，只开放发电侧，用电侧并不开放，所以负荷需求为恒定值）。负荷需求曲线和累加供给曲线交点所对应的价格就是市场出清价格。根据 MCP 出清价格机制的结算原则可知，图 4−2 中（A + B）面积就是 MCP 出清价格机制下的总购电费用。

集中出清竞价交易是指所有市场主体通过电力交易平台申报电量、电价等信息，电力交易平台根据规则按照统一出清价格进行市场出清，经安全校核后形成交易结果；可根据需要分成峰、平、谷段电量或更细时间段电量，分别进行集中竞价出清。

应用边际电价法进行集中出清的流程为：

第一步：对市场主体报价进行折算。根据交易公告，将发电企业、电力用户、售电企业、电网企业申报的购电价格、售电价格，考虑输配电价、网损和政府性基金后折算到同一个交易关口，形成折算后的购电方和售电方报价。

第二步：折算后的购电方报价由高到低排序形成买方申报曲线，价格相同时按其申报电量的比例分配成交电量。

第三步：折算后的售电方报价由低到高排序形成卖方申报曲线，原则上价格相同时按照申报时间早者优先的原则排序，申报时间相同时再按照节能环保指标排序，当以上条件均相同时，按其申报电量的比例分配成交电量。

第四步：所有成交电量均采用 MCP 出清价格机制进行出清，称为边际出清价格。

第五步：根据边际出清价格和交易关口，考虑输配电价、网损和政府性基金后形成购电出清价格和售电出清价格。

为遵循集中竞价交易通行做法，规避非统一出清价格带来的信息公开困难、无效博弈增大、公平公正受到质疑等问题，电力集中竞价交易应优先采取统一出清电价机制❶。

4.1.1.2 协商交易

协商交易是交易双方就成交价格、数量等合同要素进行协商，然后通过交易市场签订购销合同并进行交割的交易方式。协商交易使供需双方的利益得以最大化，体现了电力市场的公平。协商交易简单、灵活、实用，为市场主体提供了自由选择的空间，有助于买卖双方根据自身需要进行灵活交易。买卖双方直接见面，交易简便易行，不需要建立复杂的电子交易系统，技术条件要求较低，交易成本也较低。

4.1.1.3 挂牌交易

挂牌交易是指市场化交易主体通过电力交易平台，将需求电量或可供电量的数量和价格等信息对外发布要约，由符合资格要求的另一方提出接受该要约的申请，经安全校核和相关方确认后形成交易结果，即电量出让方、受让方双方在规定的交易时间内，通过电力交易平台发布出让、受让电量信息（挂牌），并自主选择、认购电量（摘牌）。挂牌交易设基本单位电量，市场主体按照基本单位电量

---

❶ 首先，统一出清价格符合经济学基本原理和商品市场通行做法。按照微观经济学基本原理，在自由竞争、信息共享的市场中，同一商品的成交价格将趋同，并基本稳定在供给曲线和需求曲线交叉点处，从而使全社会总剩余最大。建设电力交易市场平台并推动电力集中竞价交易，其目的正是促使信息充分共享、鼓励市场主体有效竞争，统一出清价格既符合经济学基本原理，又有大量常规商品、金融证券等交易的良好实践，是电力集中竞价交易最佳的价格形成方式。

其次，采取统一出清价格有利于信息公开，保障交易的公平、公正。电力交易平台的机制透明、信息公开是保障市场高效、良性运行的重要基础。在非统一出清价格机制下，一次集中竞价交易将同时形成数量巨大的子交易和各不相同的成交价格，对这样数量巨大的信息如何进行公开，将面临公开透明和保护客户隐私的两难选择。同时，由于信息量庞大，市场参与者难以高效地筛选有效信息，容易激起对交易公平、公正性的质疑，引发市场纠纷。而采用统一出清价格机制，可以保证高于出清价格的买入申报和低于出清价格的卖出申报全部成交，信息公开简洁便利，信息获取透明高效，对保证交易公平、公正提供巨大的便利。

最后，采取统一出清价格有利于简化市场竞争主体间博弈的复杂性，引导电力生产和电力销售企业专注于加强内部管理、科技创新和优质服务。

的整数倍进行挂牌和摘牌。

双挂双摘交易方式是指在同一个交易日内，发电企业、售电企业、电力大用户可以只挂牌或摘牌，也可同时挂牌和摘牌。发电企业挂牌的，由售电企业、电力大用户摘牌；售电企业、电力大用户挂牌的，由发电企业摘牌。发电企业之间、售电企业之间、电力大用户之间、售电企业与电力大用户之间不得相互摘牌。

4.1.2　交易品种

现阶段，江苏省电力市场化交易品种包括电力直接交易，跨省、跨区交易，抽水蓄能电量招标交易，合同电量转让交易等。

4.1.2.1　电力直接交易

电力直接交易是指符合准入条件的发电企业与电力用户（含售电企业）经双边协商、集中竞价、挂牌等不同交易方式达成的购售电交易。

1. 双边协商交易

双边协商交易是指市场主体之间自主协商交易电量（电力）、电价，形成双边协商交易初步意向后，经安全校核和相关方确认后形成的交易。双边协商交易价格按照双方合同约定执行❶。

2. 集中竞价交易

电力直接交易中鼓励市场主体按峰、平、谷段电量（或按标准负荷曲线）进行集中竞价。目前采取 MCP 出清价格机制进行，允许采取多段式的电量、电价申报。

发电侧按照"价格→容量→时间"的优先级原则确定成交交易。以购方申报曲线与售方申报曲线交叉点对应的价格确定，或者根据最后一个交易匹配对双方价格的算术平均值确定市场边际成交价格，作为全部成交电量价格统一出清。

---

❶　双边协商交易是非公开市场竞价的交易方式。

另外，江苏省内优先发电机组优先于常规机组参加集中竞价交易。目前，江苏省开展的优先发电交易是指省内拥有优先发电量计划安排（一般为供热优先发电量）的燃煤发电企业优先出售电量的交易，与基数电量一并视为厂网双边交易电量，纳入电力中长期交易范畴。优先发电机组在撮合交易的出清方式下，优先于常规燃煤发电机组成交；在边际出清的交易方式下，按照只申报电量方式进行，中标电价参照边际电价优先成交，不再纳入电价排序；若未生成有效边际电价，则成交电量为零。

3. 挂牌交易

市场主体在规定的交易起止时间内挂牌购电或售电信息，电力交易平台按"价格→时间"的优先原则进行滚动撮合交易。交易方式可分为单边挂牌和双边挂牌两种，交易价格按撮合成交价格确定。单边挂牌按照"供方挂牌、需方挂牌"两轮进行，供方挂牌时，只能需方摘牌；需方挂牌时，只能供方摘牌。双边挂牌按照"供需挂牌、需供摘牌"同时进行，即供需双方只能交叉摘牌。

自 2018 年 12 月起，江苏省采用"双边连续挂牌"方式开展挂牌交易，其规则为：

（1）交易角色。发电企业固定为售方；售电企业和一类用户可以选择作为购方或售方，但需在交易前设置交易角色才可参与交易，交易中仅可选择一个交易角色。

（2）挂牌操作。连续挂牌交易中各交易角色申报电价及电量，挂牌成交前可以随时调整挂牌价格，对已成交的申报电量及电价不可修改，对已申报未成交的电量及电价虽不可修改但可撤销，每次撤销为当前剩余的全部电量。

（3）交易成交。购方按价格降序展示买一、买二、买三、买四、买五的电价及各价格对应的总计电量；售方按价格升序展示卖一、卖二、卖三、卖四、卖五的电价及各价格对应的总计电量。

如购方后出价且价格不低于卖一价格，则按售方电价成交，电量按售方电价的排序梯次成交，售方电价相同的，申报时间早的优先成交，直到购方电价小于售方电价不再成交；如售方后出价且价格不高于买一价格，则按购方电价成交，电量按购方电价的排序梯次成交，购方电价相同的，申报时间早的优先成交，直到售方电价大于购方电价不再成交。

[**例 4-1**] 某售方 10:00 时，已有卖一价格为 0.2 元/kWh，电量为 1 亿 kWh；卖二价格为 0.3 元/kWh，电量为 1 亿 kWh。10:10 时，某购方出价 0.25 元/kWh，电量为 0.5 亿 kWh，则成交电价为 0.2 元/kWh，电量为 0.5 亿 kWh，卖一电量余量为 0.5 亿 kWh。10:20 时，某购方出价 0.35 元/kWh，电量为 2 亿 kWh，则成交两笔，一笔电价为 0.2 元/kWh，电量为 0.5 亿 kWh，另一笔电价为 0.3 元/kWh，电量为 1 亿 kWh。卖一、卖二全部成交后原卖三价格成为卖一价格，后续价格依次递补。上述具体成交顺序与成交价格、成交电量如图 4-3 所示。

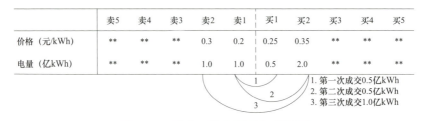

	卖5	卖4	卖3	卖2	卖1	买1	买2	买3	买4	买5
价格（元/kWh）	**	**	**	0.3	0.2	0.25	0.35	**	**	**
电量（亿kWh）	**	**	**	1.0	1.0	0.5	2.0	**	**	**

1. 第一次成交0.5亿kWh
2. 第二次成交0.5亿kWh
3. 第三次成交1.0亿kWh

图 4-3 购方、售方报价与成交图

（4）挂牌期间，只公布每个市场成员的挂牌电量和电价，不公开出价方的市场成员名称。市场如有成交，电力交易系统即时公布成交电量和电价，但不公开成交双方名称；交易双方可即时获知对方具体信息。

4.1.2.2 跨省、跨区交易

跨省、跨区交易是指在区域 [省（区、市）] 电网之间开展的购售电交易，可以在区域交易平台开展，也可以在江苏电力交易平台适时开展。江苏省鼓励发电企业、电力用户、售电企业在优先安排优先发电合同输电容量的前提下利用剩余输电容量直接进行跨省、

跨区交易。江苏省省外发电企业采用点对网方式，专线输电江苏省省外发电企业的发电机组（含网对网专线输电，但明确配套发电机组）可视同为省内发电企业，不属于跨省、跨区交易，纳入江苏省省内电力电量平衡并参与市场化交易。

目前，江苏电网作为受端接受山西、湖北三峡、四川、安徽、内蒙古、福建等地的外送电，作为送端主要向华东地区送电。2018～2020 年江苏电网省间电力交易情况见表 4-1。

表 4-1　　　2018～2020 年江苏电网省间电力交易情况　　　亿 kWh

交易年度	跨省跨区交易	
	购入电量	送出电量
2018 年	1143	43.47
2019 年	1242	40.28
2020 年上半年	543	18.82

跨省、跨区交易品种主要包括国家优先送受电计划、政府间协议和市场化交易。国家优先送受电计划包括三峡水电；政府间协议包括陕西扶贫电力、四川水电和福建核电；市场化交易按照交易标的可分为省间电力直接交易、省间外送交易和省间合同交易。

国家优先送受电计划一般采用保量、保价模式；政府间协议可分为保量保价模式和保量议价模式；市场化交易组织方式根据跨省、跨区交易细则开展。

4.1.2.3　抽水蓄能电量招标交易

抽水蓄能电量招标交易❶是指按国家规定，为分摊租赁制抽水蓄能电站发电侧核定比例的租赁电费，在全省发电机组中招标的电量交易。目前，江苏省每年组织一次宜兴抽水蓄能电站抽水电量省内

---

❶　抽水蓄能电站实行容量电价的两部制费用结算，即按照弥补抽水蓄能电站的固定成本及准许收益的原则分别核定，由此确定抽水蓄能电站的容量费用，且 50%的抽水蓄能电站容量电费原则上由电网企业承担，剩余部分由发电企业和电力用户均摊，其中，发电企业承担的容量费用可通过电网企业向发电企业招标采购抽水电量的方式解决。

采购，采用挂牌认购的组织方式。

宜兴抽水蓄能电站采用租赁经营的方式运营，发电企业承担电站年容量租赁费的 25%，通过电网企业组织招标采购抽水电量的方式进行。大约每年 3 月，江苏省电力交易机构以 0.29 元/kWh 的价格挂牌认购方式，向省内 60 万 kW 及以上常规燃煤公用脱硫脱硝机组采购宜兴抽水蓄能电站低谷抽水电量，符合条件的发电企业自愿申报认购。应采购电量根据当前江苏省燃煤发电机组标杆上网电价 0.391 元/kWh 测算，即

$$应采购电量 = \frac{电站年容量租赁费 \times 25\%}{0.391 - 0.29} \quad （万kWh）（4-1）$$

当发电企业申报总量小于应采购电量时，按各发电企业实际申报电量成交；当发电企业申报总量大于应采购电量时，按全部申报发电企业装机容量比例分摊。如发电企业申报电量小于该企业应分摊电量，按该发电企业实际申报电量成交，剩余电量按所有发电企业未成交的装机容量比例进行分摊，直至全部成交。

4.1.2.4　合同电量转让交易

合同电量转让交易是指在满足电网安全校核的前提下，遵循平等自愿、公开透明的市场化原则，在批发市场就存量合同开展的电量相互转让交易。合同电量转让包括发电企业基数电量转让、市场化交易电量转让两种情况。

1. 发电企业基数电量转让

以基数存量合同为基础，可在年度内分批次转让。高效发电机组不得将基数电量转让给低效发电机组；同一类型发电机组（指天然气机组之间、常规燃煤的同一容量等级机组之间）因电网潮流稳定调整或燃料调配因数，可以进行基数电量合同转让；发电权转让交易仅适用于基数电量。

2. 市场化交易电量转让

以市场主体存量合同为依据，可以将未完成的合同电量一次性

或分次转让给批发市场的其他市场主体，具体可分为发电侧合同电量转让和购电侧合同电量转让。

发电侧合同电量转让交易是发电企业与发电企业之间的交易。其组织方式为发电企业之间自主协商，通过电力交易平台由一方发起，另一方确认。

购电侧合同电量转让交易是售电企业和一类用户根据当月市场电量执行偏差情况开展的转让交易。售电企业和电力用户不得将合同电量转让给发电企业。电力用户和售电企业当月的售电量不得超过其购入电量的净值（指多次购入、售出相互抵消后的净购电量）。购电侧合同电量转让交易的组织方式为双边连续挂牌。2018 年 12 月，江苏省购电侧合同电量转让交易与月内增量挂牌交易❶合并于同一交易序列中，采用双边连续挂牌方式同时进行；自 2020 年 5 月起，增设购电侧月内合同电量转让交易。

在合同电量转让交易中，不参与转让的非市场化交易电量包括省内执行全额收购的风电、光伏发电、资源综合利用发电企业及热电联产发电企业中"以热定电"的电量。

4.1.2.5　辅助服务交易

辅助服务是指为维护电力系统的安全稳定运行，保证电能质量，除正常电能生产、输送、使用外，由发电企业、电网经营企业和电力用户提供的服务，包括一次调频、自动发电控制（AGC）、调峰、无功调节、备用、黑启动等。辅助服务交易具体应根据江苏省电力辅助服务市场相关交易规则（如"两个细则"）执行。

"两个细则"即《发电厂并网运行管理实施细则》和《并网发电厂辅助服务管理实施细则》的总称。《并网发电厂辅助服务管理实施细则》侧重规定义务辅助服务和补偿，基本辅助服务是指为了保障电力系统安全稳定运行，保证电能质量，发电机组必须提供的辅助

---

❶ 这是用户侧交易偏差控制的一种方式，售电企业和电力用户在本月底即将发生偏差时，可进行购买补充或者合同转让，有利于电力用户减少偏差考核。

服务，包括一次调频、AGC、调峰、无功调节、自动电压控制（AVC）、旋转备用、黑启动等。电力监管机构负责对辅助服务的调用、考核及补偿等情况实施监管。电力调度机构在电力监管机构的授权下按照调度管辖范围具体实施辅助服务的调用、考核和补偿情况统计等工作。《发电厂并网运行管理实施细则》侧重规定管理和处罚，具体内容包括违反调度纪律的处罚、发电计划考核、调峰考核、一次调频考核、AVC考核、AGC考核等。

为提高新能源的消纳，势必要减少火电的出力，但火电又承担着电网的调峰功能，为了平衡火电与新能源之间的出力及利润分配，同时平滑电网的出力曲线，就必须对新能源进行考核。在2017年之前，由于限电率过高，对于新能源行业，无法发电意味着补贴与环保电价的双重损失。而在限电率下降之后，新能源出力多了，就需让利给承担调峰功能的火电机组。既需要考量电网安全运行的影响，又必须均衡不同发电企业的利益，这就是"两个细则"存在的根本意义。

"两个细则"的考核指标要求逐渐有不同程度的提高，虽然会更加严格，但并不是无规则可依，并且整体规则还会更加向好的方面发展。第一，考核标准更加严格，电站和电网侧整体的运营保障更加安全，使新能源场站可以更加安全稳定地并入主网；第二，新版"两个细则"对于被考核主体提升了公平、公正性，对于考核较少、准确率较高的电站，给予补偿方案；第三，考核规范实施落地，未来新能源行业会越来越稳定，并且从目前我国能源格局看，新能源的占比在逐年提高，新能源能否成为发电行业的主力军，在电网调峰工作中怎样发挥作用，这些都会在"两个细则"规范实施下渐晰明朗起来。

4.1.3　交易周期

现阶段，江苏省电力交易以直接交易为主，辅以合同电量转让、抽水蓄能电量招标及跨省、跨区交易等其他品种。按交易周期可分为年度交易、月度交易、月内交易，年度、月度、月内时序递进、衔接配合，例行开展年度交易、次月平台集中竞价交易、发电侧次月发电权及合同电量转让交易、月内挂牌交易、发电企业月内发电权及合同电量转让交易等，计划"十四五"初期开展电力现货交易。

江苏省电力直接交易按周期与方式配比如图 4-4 所示。其中，以年度为周期开展的交易有双边协商交易、年度挂牌交易；以月度为周期开展的交易有优先发电交易、集中竞价交易、发电侧发电权及合同电量转让交易；月内开展的交易有月内增量挂牌交易、发电侧发电权及合同电量转让交易、购电侧合同电量转让交易等。挂牌交易在年度交易和月内交易中均有开展；发电权及合同电量转让交易在月度和月内交易中开展；抽水蓄能电量招标和电力市场辅助服务按需开展。根据市场建设具体情况，江苏省还将适时组织具有直接交易资格的发电企业、电力用户和售电企业参与跨省、跨区直接交易；按规定开展可再生能源电力相关交易。

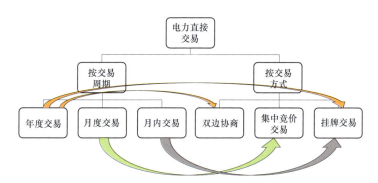

图 4-4　江苏省电力直接交易按周期与方式配比图

4.2　电力市场交易组织

交易组织前一般由电力交易机构按照江苏省发展改革委（能源局）、江苏能源监管办的相关要求发布交易公告。交易公告根据交易品种的不同，一般包括合同执行周期内关键输电通道剩余可用输送能力，江苏省电力市场总体供需情况，跨省、跨区交易电量需求预测，各准入机组可发电量上限，交易准入成员条件，交易总规模，交易申报时间，交易出清方式与价格形成机制，截止时间，结果发布时间等信息。交易公告发布后，电力交易机构原则上按照交易准入成员条件，根据机组组合、用电单元组合配置交易单元，用于市场成员申报。

原则上，交易申报时间在工作日内进行，无约束出清在申报结束后的一个工作日内完成，安全校核工作在两个工作日内完成。市场主体通过年度交易、月度交易和月内交易等满足发用电需求，促进电力供需平衡。

4.2.1 交易组织

4.2.1.1 年度交易组织

年度交易组织方式有双边协商交易和挂牌交易两种，一般在每年 12 月组织开展下一年度交易，交易组织时序如图 4-5 所示。

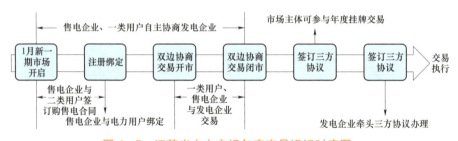

图 4-5 江苏省电力市场年度交易组织时序图

具体年度交易组织流程可分为售电企业与市场化电力用户完成绑定、确定年度交易规模、发布交易通知和交易公告、组织年度双边协商交易、组织年度挂牌交易、签订三方合同和年度交易执行。

1. 售电企业与市场化电力用户完成绑定

售电企业根据江苏省电力交易机构《关于开展某某年度售电公

司与市场化存量用户绑定工作的通知》要求，在规定的时间内完成与签约电力用户的绑定。

2. 确定年度交易规模

开展年度交易前，由江苏省发展改革委、江苏能源监管办确定各类优先发电量、抽水蓄能招标发电量及发电侧市场化交易电量规模等电力电量平衡中的各种成分。

优先发电适用范围包括：纳入规划的风能、太阳能、生物质能等可再生能源发电；为满足调峰、调频和电网安全需求的发电；为保障供热需要，供热方式合理、实现在线监测并符合环保要求的热电联产机组在采暖期按"以热定电"的原则发电；跨省、跨区送售电中国家计划、地方政府协议送电；水电；核电；余热余压余气发电；超低排放燃煤发电机组发电。其中，纳入规划的生物质能等其他可再生能源发电和余热余压余气发电按照资源条件对应的发电量全额安排。优先购电适用范围包括农业用电、居民生活用电、重要公用事业用电、公益性服务用电。

3. 发布交易通知和交易公告

每年大约 11 月下旬，江苏省发展改革委、江苏能源监管办联合印发《关于开展某某年电力市场交易的通知》，此文件为指导该年度江苏省电力市场化交易的指导性文件。江苏省电力交易机构据此发布江苏省电力市场年度交易公告，原则上年度交易提前 15 个工作日发布公告。

以江苏省开展 2020 年电力市场化交易为例，其交易通知和交易公告的主要内容包括：

（1）江苏省电力市场化交易规模。例如，2019 年为 3000 亿 kWh 左右，2020 年为 3150 亿 kWh 左右。

（2）市场主体准入条件。例如，2020 年可参与交易的电力用户为符合 2020 年电力市场准入条件并完成注册的一类用户；售电企业为完成注册并公示，签约并绑定电力用户年用电量总和达到 4000 万

kWh 及以上，已按要求提交保函的售电企业；发电企业为符合国家产业政策并取得电力业务许可证的省内燃煤发电机组、核电机组等，以及山西省阳城电厂。

（3）市场主体的交易电量。对江苏省省内燃煤发电企业按装机容量的不同分别设定年度双边协商及挂牌交易电量上限，其余电量通过月度交易获得。例如，2019 年和 2020 年，江苏省省内 100 万 kW 级、60 万 kW 级、30 万 kW 级燃煤发电机组长协电量分别不超过 3200、3100、3000h；省内核电机组、山西省阳城电厂设有全年市场化交易下限；预留区外来电交易电量；一类用户年度双边协商及挂牌交易电量原则上不超过其预计年用电量；售电企业年度双边协商及挂牌交易电量上限为"按照履约保函金额对应的售电规模总交易电量""按照公司资本总额对应的售电规模总交易电量"和"签约绑定电力用户年用电量之和"三者中的最小值。

（4）交易价格构成与交易组织要求。交易申报及成交价格为省内电厂上网侧电价，省内发电企业或售电企业与电力用户通过市场化方式成交的交易电价加上输配电价（含线损及交叉补贴）和政府性基金及附加即为电力用户到户结算价；江苏省鼓励交易双方签订中长期市场化交易合同，执行"基准价＋上下浮动"的市场价格形成机制，下浮原则不超过 15%，2020 年暂不上浮。

4. 组织年度双边协商交易

江苏省年度双边协商交易大约于每年 12 月初开市，12 月中旬左右闭市。符合市场准入条件的一类用户、售电企业与发电企业根据交易通知和交易公告，可在开市期间参与年度双边协商交易。江苏省年度双边协商交易流程如图 4-6 所示。

具体交易流程为：

（1）平台申报确认。市场主体经过双边协商形成的年度意向协议，需要在年度双边交易申报截止前，通过电力交易平台提交至电力交易机构。在江苏电力交易平台的交易序列对应交易模块中，按照自主协商交易意向确定的电量和电价，由发电企业申报，一类用户、售电企业确认无误后提交生成协商交易意向。电力交易机构根据电力调度机构提供的安全校核约束条件，形成双边交易预成交结果。

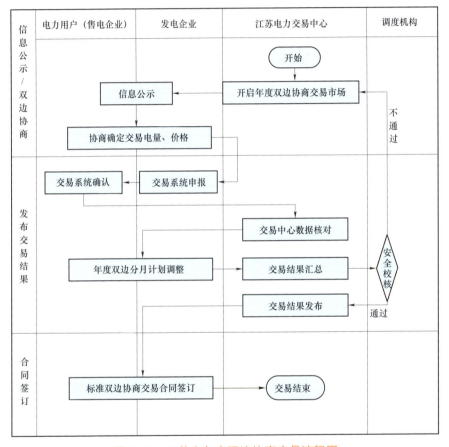

图 4-6 江苏省年度双边协商交易流程图

（2）分解月度计划。发电企业、一类用户、售电企业根据要求在电力交易中心平台计划模块分解分月计划，由电力交易机构汇总后提交调度机构安全校核。

（3）结果校核发布。电力交易机构根据经安全校核后的交易情况，发布年度交易结果。电力调度机构按照交易结果合理安排电网运行方式，保障交易顺利实施。

5. 组织年度挂牌交易

一般在年度双边协商交易闭市后次日，开启年度挂牌交易。符合市场准入条件的一类用户、售电企业与发电企业可参与年度挂牌交易，交易组织方式为双边连续挂牌模式，交易成交结果经安全校核后发布。江苏省年度挂牌交易流程如图4-7所示。

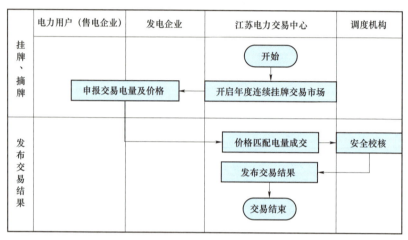

图4-7 江苏省电力市场年度挂牌交易流程图

具体操作流程为：登录江苏电力交易平台，选择并进入对应交易序列后，单击"我要卖"进入挂牌界面，选择交易单元，输入电量和电价，通过验证即可完成挂牌。通过单击"我的委托"，可以查询挂牌的具体内容，包括挂牌价格、电量、已经成交笔数、成交对象等。查看已经成交的交易，单击"我的成交"即可。在年度挂牌交易中，单击"我要撤销"，可以撤销已经挂牌的电量和电价，每次撤销只能撤销一笔交易的电量和电价，不能只撤销一部分。

6. 签订三方合同

市场主体对交易结果有异议的，应在结果发布一个工作日内向电力交易机构提出，由电力交易机构会同电力调度机构在一个工作日内给予解释。逾期未提出异议的，电力交易平台自动确认成交，相关市场主体应根据电力交易机构的通知，在规定时限内签订电力直接交易三方合同。

其中，发电企业、电力用户、电网企业不强制签订年度三方纸质合同，以电子化形式代替，各市场主体在电力交易平台查看下载中标通知书；发电企业、售电企业、电网企业仍需签订纸质三方合同，由发电企业负责所有与之签约的售电企业的合同办理工作。

7. 年度交易执行

年度交易执行期为每年1月1日～12月31日。在保持年度交易电量不变的基础上，年度交易的分月计划可滚动调整：发电企业、一类用户、售电企业在电力交易平台计划模块可调整次月及后续月份的分月计划。若同一电力用户、同一电厂、同一价格存在多个户号签订合同的情况，户号间电量可以调整，但总量之和保持不变。年度交易结算以交易结果和当月的分月计划作为交易结算和考核依据。

4.2.1.2 月度交易组织

月度交易组织方式可分为月度平台集中竞价和月内市场化交易两种，于每月中下旬组织开展。月度、月内交易组织时序如图4-8所示。

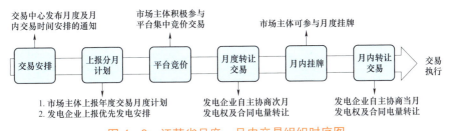

图4-8 江苏省月度、月内交易组织时序图

具体月度交易组织流程可分为发布交易公告、组织月度集中竞价交易、组织月内交易和组织发电侧发电权及合同电量转让交易。

1. 发布交易公告

电力交易机构一般提前五个工作日确定交易日期，明确月度各类交易计划安排的具体时间；至少提前一个工作日发布交易公告。

（1）上报年度交易月度分月计划。售电企业和一类用户在电力交易中心平台申报次月年度合同分月计划。次月年度交易合同分月计划调增或调减部分，将自动平均分摊至当年后续月份，并作为后续月份年度交易合同分月计划，以此类推。

（2）申报优先发电安排。享有优先发电量计划安排的发电企业应在电力交易中心平台申报次月优先发电分月计划。

自 2019 年起，江苏省对省内发电侧（不含阳城、田湾核电）各机组全年月度市场化交易（含月度平台竞价交易及月内交易，不含优先发电）总成交电量设定利用小时数上限，如 2019 年为 800h，2020年为 450h。

自 2020 年 5 月起，售电企业和一类用户如调减次月年度交易合同分月计划，则视为无次月月度集中竞价交易需求，自动放弃参与次月月度集中竞价交易，但可参与月内合同转让交易调整偏差。

2. 组织月度集中竞价交易

月度集中竞价交易是月度主能量市场，一般在每月 25 日前后开启，符合市场准入条件的一类用户、售电企业与发电企业可参与月度平台集中竞价交易。江苏省月度集中竞价交易流程如图 4−9 所示。

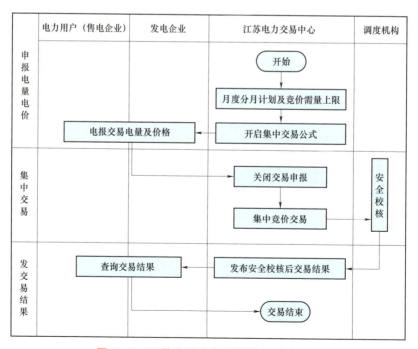

图 4−9　江苏省月度集中竞价交易流程图

具体交易流程为：

（1）确定申报上限。现阶段，江苏省市场化交易电力用户月度需求电量为上年同期市场用户总用电量与年内已上报的年度交易该月分月计划的差额；一类用户竞价申报无上限；售电企业竞价申报上限通过比较按履约保函金额对应的售电规模减去已履行的总交易电量，与按照公司资本总额对应的售电规模减去已成交的交易电量，取两者中的最小值。

（2）交易申报。月度集中竞价交易多采用三段式报价模式，申报上限及每段申报电量比例根据交易公告要求执行。申报电量单位为 MWh，申报电量应是 10MWh 的整数倍；电价申报单位为元/MWh，申报电价取整数。申报时间可滚动调整，以规定时限内最后一次的申报为准。

（3）交易出清。申报结束后，电力交易机构发布经安全校核后的交易结果；省内优先发电机组优先于常规机组成交。市场主体对交易结果有异议的，在结果发布一个工作日内向电力交易机构提出，由电力交易机构会同电力调度机构在一个工作日内给予解释；逾期未提出异议的，电力交易中心平台自动确认成交。交易合同由系统自动生成，不再另行签订。

3. 组织月内交易

月内交易是市场主体调整月度交易执行偏差的手段；目前江苏省月内交易可分为月内挂牌交易和购电侧月内合同电量转让交易两种。

（1）月内挂牌交易。月内挂牌交易是市场主体根据当月市场电量执行偏差情况开展的市场化交易电量补充交易，一般在每月月度集中竞价交易结束后两日左右开启。

1）交易角色和交易电量。发电企业固定为售方，交易上限为"当月预计发电总量减去已安排的市场化合同计划电量后的剩余上网电量"和"全年月度交易上限未成交的剩余电量"两者中的最小值。一类用户或售电企业既可能为购方也可能为售方，需要根据各自偏差电量实际情况在交易之前自行选择交易角色，交易角色选择好之后整个交易过程不能更改。售电企业和一类用户的出售电量上限为其当月用电计划总量；一类用户购电量上限为当月年度交易分月计划与当月月度竞价成交量之和的 10%，售电企业购电量上限为"当月年度交易分月计划与当月月度竞价成交量之和的 10%""按照履约保函金额对应的售电规模"和"资本总额对应的售电规模减去已成交的交易电量"三者中的最小值。

2）交易方式。采用连续挂牌的交易方式。

（2）购电侧合同电量转让交易。购电侧合同电量转让交易为 2020 年 5 月起新增的月内交易品种，一般在每月月末组织开展。

1）交易角色。购售方交易角色与月内挂牌交易相同。上月调减了年度交易该月分月计划的一类用户和售电企业，如果选择售方参与月内挂牌交易，则仍可选择售方参与该次交易；如果选择购方参与月内挂牌交易，则不可参与该次交易。

2）交易电量。合同电量转出方交易上限为本月月内挂牌交易后剩余的本月合同计划电量；售电企业购电量上限为"按照履约保函金额对应的售电规模减去已履行的总交易电量"和"按照资本总额对应的售电规模减去已成交的交易电量"两者中的最小值。

3）交易方式。采用连续挂牌的交易方式。

4.2.2　市场运行情况

4.2.2.1　交易量价关系情况

2018 年，江苏省电力直接交易规模为 1951 亿 kWh。其中，年度交易电量为 1430 亿 kWh，占交易规模的 73%，成交均价为 370.57 元/ MWh；月度交易电量为 521 亿 kWh，占交易总规模的 27%，成交均价为 378.15 元/MWh；抽水电量省内招标采购为 13.895 亿 kWh，价格为 290 元/MWh；省内替代发电量为 223.48 亿 kWh。

2019 年，江苏省电力直接交易规模为 3085 亿 kWh。其中，年度交易电量为 2341 亿 kWh，占交易规模的 76%，成交均价为 369.18 元/ MWh；月度交易电量为 744 亿 kWh，成交均价为 352.69 元/MWh；抽水电量省内招标采购为 13.895 亿 kWh，价格为 290 元/MWh；省内替代发电量为 283.76 亿 kWh。

2018～2020 年江苏省省内电力交易情况见表 4－2 及图 4－10 和图 4－11。

表 4－2　　　　2018～2020 年江苏省省内电力交易情况

交易内容	年度交易		月度交易		抽水蓄能	
	电量 （亿 kWh）	电价 （元/MWh）	电量 （亿 kWh）	电价 （元/MWh）	电量 （亿 kWh）	电价 （元/MWh）
2018 年	1430	370.57	521	378.15	13.895	290
2019 年	2341	369.18	744	352.69	13.895	290
2020 年上半年	2421	365.56	257.63	347.71	13.9	290

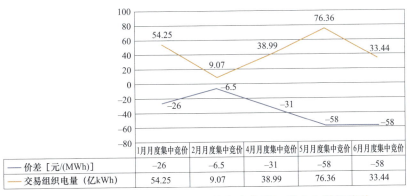

图 4－10　2020 年 1～6 月月度集中竞价市场成交电量及价差

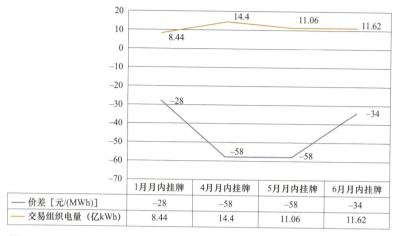

	1月月内挂牌	4月月内挂牌	5月月内挂牌	6月月内挂牌
── 价差［元/(MWh)］	−28	−58	−58	−34
── 交易组织电量（亿kWh）	8.44	14.4	11.06	11.62

图4-11　2020年1～6月月内集中竞价市场成交电量及成交平均价差

2020年年底，江苏省电力直接交易规模预计为3150亿kWh。其中，年度交易电量为2421亿kWh，占预计交易总规模的77%，成交均价为365.56元/MWh。抽水电量省内招标采购为13.9亿kWh，价格为290元/MWh；上半年省内替代发电量为117.54亿kWh，月内挂牌交易电量为45.52亿kWh、均价为344.72元/MWh，集中竞价交易电量为212.11亿kWh、均价为348.39元/MWh。

根据披露数据，在江苏省电力直接交易中，年度交易电量占直接交易规模的70%～75%，月度交易电量占直接交易规模的20%～25%。

4.2.2.2　市场主体及准入条件发展情况

江苏省市场主体及准入条件发展情况见表4-3。

表4-3　　　　江苏省市场主体及准入条件发展情况

年份	电力用户与售电企业	发电企业
2012	8家参与试点的电力用户	8家参与试点的燃煤发电企业
2013	7家参与试点的电力用户	7家参与试点的燃煤发电企业
2014	251家电力用户（110kV及以上，范围逐步扩大至10kV）	60万kW及以上燃煤发电机组、核电机组
2016	251家电力用户（110kV及以上，范围逐步扩大至10kV）	30万kW及以上燃煤发电机组、核电机组、山西省阳城电厂

年份	电力用户与售电企业	发电企业
2017	10kV 及以上电压等级电力用户,且年用电量大于 1000 万 kWh	统调燃煤发电机组、核电机组、山西省阳城电厂
2018	一类用户:35kV 及以上电压等级电力用户,入市数量 211 家; 二类电力用户:20kV 及以上电压等级电力用户,或已参与电力直接交易的 10kV 电压等级电力用户,入市数量 3598 家; 售电企业:获得市场准入、递交银行保函、签约电量大于 4000 万 kWh,入市数量 157 家	统调燃煤发电机组、核电机组、山西省阳城电厂
2019	一类用户:35kV 及以上电压等级电力用户,入市数量 164 家; 二类电力用户:10kV 及以上电压等级电力用户(含部分 35kV 及以上电压等级电力用户),入市数量 29770 家; 售电企业:获得市场准入、递交银行保函、签约电量大于 4000 万 kWh,入市数量 229 家	统调燃煤发电机组、核电机组、山西省阳城电厂

4.2.2.3　市场主体运行情况

按照《江苏省电力中长期交易规则(试行)》(苏监能市场〔2019〕149 号),参与江苏省电力市场化交易的市场成员为发电企业、售电企业、电网企业、电力用户、电力交易机构、电力调度机构及独立辅助服务提供者等。其中符合准入条件的发电企业、售电企业、电力用户、独立辅助服务提供者为市场化交易主体。

发电企业:2019 年发电企业范围扩大到省内统调公用燃煤发电机组、核电机组、山西省阳城电厂;截至 2019 年年底,江苏省省内共有 139 台发电机组,总装机容量 7344 万 kW 参与市场化交易。

售电企业:2019 年年初注册生效的售电企业总计为 229 家,最终共有 93 家参与 2019 年江苏省电力市场直接交易。

电力用户:自 2012 年 3 月起,江苏省电力直接交易试点工作正式实施,共有 8 家电力用户签订大用户直购电交易合同;2017 年,全省电力用户交易电量为 1350 亿 kWh,总计 2686 位电力用户参与直接交易试点,培育了江苏省电力市场化交易的最早一批电力用户,认识与学习电力市场化交易,享受市场化交易的红利。2019 年,江苏省实际共有 29934 家电力用户进入市场，电力用户交易电量约 2926 亿 kWh。其中，一类用户 164 家（数量占比 0.55%），交易电量约 502 亿 kWh（占比 19%）；二类用户 29770 家（数量占比 99.45%），交易电量 2424 亿 kWh（占比 80.8%）。由售电企业代理进行交易的二类用户占多数，极大地培养了售电企业与电力用户的市场主体意识，为后续电力市场建设打下了良好的基础。

江苏省从 2012 年直购电改革试点，到电力直接交易规模居全国首位，经过近 8 年的电力市场化交易工作，电力市场机制日益健全，电力市场化交易规模不断扩大、交易方式不断丰富、市场主体不断增加，培育出了一批拥有一定市场竞争力，能够承受市场风险，具备主体意识、规则意识、诚信意识的电力市场主体。

4.2.2.4　交易注意事项

1. 发电企业

作为发电企业参与电力市场化交易，建议注意以下五个方面：

（1）根据年度交易通知限定的年度交易上限，核算自身可签订的长协电量总量，自主寻找一类用户和售电企业达成交易意向，待年度双边协商交易开始后发起交易，通知拟合作的一类用户和售电企业及时确认。如双边协商交易电量未能达到政府规定的年度长协电量上限，还可以通过年度挂牌交易方式获得电量。年度交易结束后，及时收集、办理、送达、签订电力直接交易三方合同，三方包括发电企业、电力用户（售电企业）和电网企业。

（2）积极参与月度平台集中竞价。现阶段，应根据全年平台上限要求和基于对市场走势判断，合理制定竞价策略。竞价时要注意发电企业按照"价格→容量→时间"的优先顺序原则成交，目前发电企业参与市场竞争意愿强烈，边际报价时间较短；报价下浮空间不超过基准价的 15%，即不超过 5.8 分/kWh，否则无法填报，影响报价时间。

（3）要加强与合作的一类用户和售电企业联系沟通，并结合自身生产经营安排，可滚动调整年度交易分月计划。

（4）在月度交易前可根据月度预计发电情况计算可参与增量挂牌的电量空间，根据自身策略决定是否参与。需注意，增量挂牌竞得电量计算在月度交易利用小时数上限内。

（5）务必关注电力交易机构发布的信息，认真研究策略，按要求参与如优先发电电量、抽水蓄能电量招标、发电权及合同电量转让等交易。

2. 售电企业

作为售电企业参与电力市场化交易，建议注意以下五个方面：

（1）每年 1 月 1 日起即可签订下一年度交易合同，售电企业与电力用户签订的年度双边协商意向协议应包括年度总量及全年各月的分解电量、交易价格等。

（2）务必在注册绑定窗口开启期间与签约电力用户进行系统绑定。紧密关注交易通知的窗口关闭日，关注绑定结果，最终成交电量为绑定后系统确认的电量，而非与电力用户签约的合同电量。对绑定或公示期间存在争议的电力用户，要妥善予以解决处理，指导并协助电力用户进行唯一指定等工作：

1）如售电企业和电力用户经协商后，双方自愿撤销原有的绑定申请，需向电力交易中心平台提交撤销手续。未经电力用户书面确认，售电企业不得撤销已公示的绑定申请。

2）电力用户可对多家售电企业提交的绑定申请争议，在自愿承担法律风险的基础上，做出唯一指定确认。

3）所有争议应在风险提示下发后的一周内解决。逾期未解决的争议，虽可补办绑定手续，但电力用户存在无法入市的风险。

（3）根据总成交电量研究拟安排的长协、月度交易电量比例（一般长协电量占比为 55%～70%），寻找发电企业签订年度长协电量，配合发电企业进行系统确认和三方合同办理。

（4）目前偏差考核为"月结月清"的规则，这对售电企业联系电力用户、服务电力用户、控制偏差提出了更高要求，售电企业应主动了解合作电力用户当月用电量预计和下月用电量需求，依此制定平台交易策略，或适时调整分月计划安排。

（5）根据交易公告积极参与月度平台集中竞价交易和月内挂牌交易等，提前锁定月度交易电量，降低风险。月度平台集中竞价按"价格→时间"的优先原则成交；在月度挂牌交易中，售电企业可选择购方或售方，需在交易前设置交易角色才可参与交易，交易中仅可选择一个交易角色，一旦选择好交易角色整个交易过程中不能进行更改，因此要慎重选择交易角色。假如预计当月实际用电量超过月度合同总电量会造成正偏差考核，应选择购方参与交易；假如预计当月实际用电量少于月度合同总电量会造成负偏差考核，应选择售方参与交易。

3. 电力用户

作为电力用户，需全电量参与市场化交易，建议注意以下五个方面：

（1）一类用户要基于对市场行情的判断，自主寻找发电企业签订年度长协电量（一般为总用电量的55%~70%），其余电量可通过参与月度平台交易获得。二类用户选择售电企业代理进行电力市场化交易；二类用户在签约售电企业时，建议优先选择资质高、信誉好、实力强的售电企业代理进行电力市场化交易，并且尽量不要存在与多家售电企业双签、多签购售电合同的情况；如果发生双签多签争议，应按照注册绑定规则进行唯一指定，如在争议解决过程中再次发生新的重复绑定争议，将失去进入电力市场化交易的资质。

（2）二类用户在与售电企业办理三方服务协议时，对于因办理用电变更业务（如更名、过户、并户等影响主体资格信息的业务）或因欠费、违约用电及窃电等行为未及时处理而影响三方服务协议签订的，需及时告知电力交易机构。待完成用电变更业务，或完成欠费、违约用电及窃电等违规行为处理后，再由售电企业重新绑定，但鉴于电力市场电力用户侧放开电量的总体规模和处理时间顺序，无法保证一定入市。

（3）一类用户应提前准备好平台账号和密码，确保数字安全证书在有效期内。年度交易时，需要确认和发电企业在平台上已经签约并确认交易完成；月度交易时，一类用户自行参与。二类用户不需要直接参加年度和月度交易工作，由代理的售电企业进行操作。

（4）根据当月生产经营情况预估月度用电量和下月用电计划，一类用户结合年度长协剩余电量，可调整次月及后续的年度交易分月电量计划，或通过市场化交易手段规避偏差电量考核的风险；二类用户于每月 20 前配合将用电情况反馈给合作的售电企业。

（5）及时关注交易信息，一类用户通过积极参与月度平台集中竞价和月内挂牌等交易以降低风险。月度平台集中竞价按"价格→时间"的优先原则成交。在月度挂牌交易中，一类用户可选择购方或售方，需在交易前设置交易角色方可参与，一旦选择好交易角色整个交易过程中不能进行更改，因此要慎重选择交易角色。假如预计当月实际用电量超过月度合同总电量会造成正偏差考核，应选择购方参与交易；假如预计当月实际用电量少于月度合同总电量会造成负偏差考核，应选择售方参与交易。

4.3 电力市场合同管理

4.3.1 电力市场合同

电力市场中各式各样的合同对于市场成员规避风险、促进交易的灵活性和多样性具有重要的作用。电力市场中的合同交易是各市场成员通过签订书面或电子合同，再按照合同约定执行相关电能交易。

各市场成员应根据交易结果或政府授权电量合同（主要包括由政府主管部门采用指令性计划方式、协商方式等确定的电量合同，主要有定量定价、定量议价等方式），参照合同示范文本签订购售电合同，并在规定时间内提交至电力交易机构。购售电合同中应明确购电方、售电方、输电方、电量（电力）、电价、执行周期、结算方式、偏差电量计量、违约处罚、资金往来信息等内容。

　　合同是当事人（两方或多方）签订的设立、变更或终止某种民事关系的协议。电力市场中的合同与其他商品的交易合同相同，可分为"物理合同"或"金融合同"，其基本要素有：

　　（1）当事人。签订合同的法律主体，如电力直接交易合同的当事人是发电厂和电力用户。

　　（2）合同的具体内容。交易的对象，或标的物。在电力市场中，交易的标的物可分为物理产品和金融产品两大类。物理产品，包括电能量和输电权两大类，是能够以具体的实物进行交割的。例如，月度中长期电力交易的对象是一个月内的总用电量，现货交易的对象是某个时段的电量。金融对象，即金融学中的"衍生品"，是基于物理产品价格派生出来的一些产品。例如，差价合约，交易的对象即是合约中规定的两个价格的差，具体如远期约定的价格和现货市场价格之间的电价差，或者某两个节点之间的实时电价差等。

　　（3）合同的地点和方式。签订合同的地点和协议签订方式可以用双边谈判或者通过电力交易所集中交易。

　　（4）合同的有效期。约定合同有效期时间，可以像现货一样，一手交钱一手交货，也可以提前签订合同未来交割。

　　（5）合同的交割方式。合同的交割方式有两种，即物理交割和金融交割。对于本身交易的标的物就是金融产品的交易，如差价合约，交割方式一定是金融交割。对于标的物是物理产品的交易，可以采用物理交割，也可以采用金融交割。

4.3.2　合同分类

各市场主体应参照合同示范文本签订各类电力交易合同，并在规定的时间内提交至电力交易机构。

江苏省电力市场合同（协议）主要包括以下类型：

（1）发电企业与电网企业签订购售电合同。该合同签订方为电网和各发电企业，购售电合同分中长期购售电合同及年度基数电量购售电合同。中长期购售电合同签订周期为五年，已签订中长期购售电合同的发电企业，如果有基数计划电量的，还需要和电网签订年度基数电量购售电合同，约定双方的权利及义务，以及基数电量、电价及结算方式等具体条款。

（2）省内经营配电网的售电企业与电网企业的供用电合同。该合同签订方为电网及有配电网的售电企业，在合同中除明确双方的权利及义务外，还要详细地约定配电网产权分界点及责任划分、输电价格、容量等具体条款。

（3）电网企业与非市场化交易电力用户的供用电合同。该合同签订方为电网及非市场化交易电力用户，合同中需要明确电力用户的供用电基本情况，如用电地址、性质、容量、供电方式、产权分界点及责任划分、用电计量、电价电费支付及结算方式等具体条款。

（4）电网企业与参加市场化批发业务的电力用户供用电合同（含输电服务）。该合同适用于电力用户、发电企业和电网经营企业三方之间签订的年度直接交易合同。合同中明确三方的权利和义务、交易电量和电价、电能计量及结算支付等具体条款。

（5）电网企业、售电企业及其签约电力用户（市场化零售用户）签订三方购售电合同（协议）（含输电服务）。该合同（协议）适用于电网经营企业、售电企业及其签约的电力用户三方之间签订的年度直接交易合同，合同中明确三方的权利和义务，现已简化修改为江苏省电力市场二类用户购售电三方服务协议。

（6）售电企业与签约电力用户签订的购售电合同。该合同适用于符合江苏省售电侧改革试点准入要求的电力用户和江苏省售电企业之间签订的年度（月度）电力交易合同，由江苏能源监管办监制，合同期限可以为多年，合同中需要明确双方的交易电量、价差、分成比例及偏差考核等条款，双方可根据具体情况，在公平、合理和协商一致的基础上对合同进行补充约定。

（7）直接交易的发电企业、电力用户（含售电企业）与电网输电方签订直接交易三方合同。该合同（协议）适用于电网经营企业、发电企业及参加批发侧交易的电力用户（含售电企业）三方之间签订的年度直接交易合同。目前，售电企业、发电企业和电网企业仍需签订纸质合同，电力用户、发电企业和电网企业以电子合同为准。

（8）抽水蓄能电量招标合同。抽水蓄能电量省内采购交易合同由省内 60 万 kW 及以上机组分别和电网企业签订，按照国家法律、电力监管条例及相关市场化交易规则的规定，每年按时发布抽水蓄能电量采购相关信息并组织市场化交易，将成交电量、结算价格在合同中做出约定。

（9）发电权交易合同。发电企业之间的发电权交易是指电厂的基数电量交易，发电权交易应当遵循购售双方的意愿，不得人为设置条件，原则上鼓励清洁、高效机组替代低效机组发电，目前采用电子合同。

（10）合同电量转让合同（协议）。合同电量转让合同中约定的电量是指市场化交易电量，可以是发电厂之间的合同电量转让交易，也可以用作电力用户侧（含售电企业）之间的交易，目前采用电子合同。

4.3.3 合同签订

电力市场的各类合同中，除了明确购电方、售电方、输电方、电量（电力）、电价、执行周期、结算方式、偏差电量计量、违约处罚、资金往来、信息等基本要素外，还应根据不同的合同类型明确其特有条款。

电力企业应根据确定的跨省、跨区优先发电（含年度以上优先发电合同），在每年年度市场化交易开始前协商签订次年年度交易合同（含补充协议），约定年度电量规模、分月计划、送受电曲线、交易价格等，纳入优先发电计划，并优先安排输电通道。

发电企业与电网企业签订购售电合同由中长期购售电合同和年度协议组成。中长期购售电合同有效期为五年，约定发电企业并网计量点、电费支付，以及应遵守电力市场化交易规则等基础性条款，年度协议明确当年的基数电量、市场化交易电量、各类电价和分月电量安排。

执行全额收购的风电、光伏发电企业，以中长期购售电合同为准，原则上不再签订年度协议。

发电企业与售电企业、一类用户签订的购售电合同，售电企业与二类用户签订的购售电合同，应明确合同时间、合同签订方式、分成模式、偏差考核约定、违约责任等。

购售电合同原则上采用电子合同签订，电力交易平台应当满足国家电子合同有关规定的技术要求，市场成员应当依法使用可靠的电子签名。电力交易平台生成的集中竞价、挂牌滚动、撮合交易结果的电子交易确认单视同为电子合同，电子合同与纸质合同具有同等效力。

4.3.4 合同履行

各市场主体应严格按照各自签订的合同（协议）执行约定的各项条款。

电力交易机构根据各年度合同中约定的月度电量分解结果来调整各类月度交易的竞价空间和结算结果，形成发电企业的月度发电安排，包括优先发电、基数电量和各类交易电量。电力交易机构每日跟踪和公布月度发电计划执行进度情况。

电力调度机构负责根据经安全校核后的月度总发电计划，合理安排电网运行方式和机组开机方式。

北京、广州电力交易中心汇总跨省、跨区交易合同，形成跨省、跨区发电企业的月度发电计划，并依据月内（多日）交易，进行更新和调整。

电网企业应按照电力市场结算要求定期抄录发电企业（机组）和电力用户电能计量装置的数据，并提交电力交易机构和相关市场成员。

电力交易机构负责按照自然月向市场主体出具结算依据，市场主体根据相关规则进行资金结算。其中，跨省、跨区交易原则上由电力用户所在地区的电力交易机构向市场主体出具结算依据；在区域交易中心平台开展的交易由区域电力交易机构向电力用户所在地区的电力交易机构出具结算依据；合同电量转让交易由电力交易机构分别向出让方和受让方出具结算依据。

发电企业上网电量电费于次月由电网企业支付；电力用户仍向电网企业缴纳电费，并由电网企业承担电力用户侧欠费风险；售电企业按照交易机构出具的结算依据和电网企业进行电费结算。对电力用户、售电企业、发电企业等收取的偏差考核资金在电网企业设立专户进行管理。

任何与购售电合同有关的通知、文件和合规的账单等均须以书面形式进行，通过挂号信、快递或当面送交的，经收件方签字确认即被认为送达；若以传真、电子邮件方式发出并被接收，即视为送达。所有通知、文件和合规的账单等均在送达或接收后方能生效。一切通知、账单、资料或文件等应按照约定的联络信息发给对方，直至一方书面通知另一方变更联络信息为止。

4.3.5　合同变更解除

购售电合同的任何修改、补充或变更必须以书面形式进行，双方法定代表人或授权代理人签字盖章后方为有效。因国家法律、法规发生变化或者政府有关部门、能源监管机构出台有关规定、规则，导致双方不能正常履行合同约定时，双方应相应变更购售电合同。

购售电合同双方均不得擅自解除合同。如果因甲方原因导致合同解除，则甲方应赔偿乙方因此而遭受的损失；如果因乙方原因导致合同解除，则乙方应赔偿甲方因此而遭受的损失。

4.3.6　合同违约和补偿

购售电合同各方均应保证其从另外方取得的所有无法自公开渠道获得的资料和文件（包括财务、技术等内容）予以保密。未经该资料和文件的原提供方同意，另外各方不得向任何第三方透露该资料和文件的全部或任何部分内容，但按照法律、法规规定可做出披露的情况除外。

购售电合同双方一方违反本合同约定条款视为违约，另一方有权要求违约方赔偿违约造成的经济损失，违约方应承担继续履行购售电合同、采取补救措施等责任。违约方在继续履约或者采取补救措施后，仍对非违约方造成其他损失的，应当赔偿损失。

购售电合同双方一方违约后，另外一方应当采取适当的措施防止损失进一步扩大，如果因没有采取适当的措施致使损失扩大的，则其不应就扩大的损失要求违约方承担赔偿责任。

除另有约定外，一旦发生任何一方未能履行购售电合同项下的任何义务的情况，非违约方可向违约方发出有关违约的书面通知，如果在通知发出后 5 个工作日内，违约方仍未纠正其违约的，应承担相应的违约责任。

思考题

1. 简述目前江苏省采用的"双挂双摘"挂牌交易的规则。

2. 目前江苏省电力交易的交易品种有哪些？其中电力直接交易的交易方式有哪些？

3. 什么是辅助服务？辅助服务一般包括哪些？

4. 江苏省电力集中竞价目前采用的出清方式是哪种？简要说明其出清价格形成机制。

5. 在抽水蓄能电量招标交易中，当发电企业申报总量大于应采购电量或发电企业申报总量小于应采购电量时，应如何处理？

第5章
电力市场电能计量与电费结算

　　江苏省电力市场运营管理中，结算体系是核心组成部分和主要环节，是兑现电力交易成交的关键。因此，保证结算的公平、合理、准确有效是电力市场成功运营的要素。

　　本章阐述了电力市场计量与结算业务。计量业务包括计量装置安装和抄录，计量装置安装阐述了表计安装的要求及计量数据的确认规则和装表接电流程。数据抄录阐述了根据结算和电量清分需要的抄录原则。结算业务首先对电费结算及各类结算电价的计价方式进行概述，包括跨省、跨区交易，省内交易和输配电价计价方式；给出了结算原则和结算流程，结算原则包括结算规则、结算次序，结算流程包括结算时序和结算依据；然后阐述了合同电量电费与偏差电量调整费的结算方式，分别是电力用户结算、售电企业结算、发电企业结算、电网企业结算，并介绍了省间、省内结算方式，包括跨省、跨区结算方式和省内结算方式；最后对结算单据进行解读，对用户结算案例进行分析，给出异议申诉方法。江苏省电力市场电能计量与电费结算架构如图 5-1 所示。

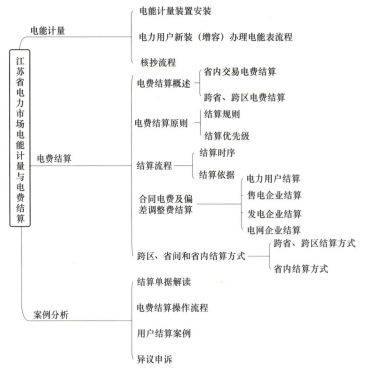

图 5-1　江苏省电力市场电能计量与电费结算架构

5.1　电　能　计　量

5.1.1　电能计量装置安装

在我国，电能计量装置即通常所称的电能表，统一由电网企业负责安装和数据核抄，所产生的费用计入输配电价成本。电网企业根据市场运行需要，为市场主体安装符合国家技术规范的电能计量装置。电能计量装置原则上安装在产权分界点，产权分界点无法安装电能计量装置的，考虑相应的变压器（线路）损耗。在跨省、跨区输电线路两端安装符合技术规范的电能计量装置，明确跨省、跨区交易、结算对应的计量点。

发电企业，跨省、跨区交易送受端和批发交易电力用户的计量点应当安装相同型号、相同规格、相同精度的主、副电能表各一套，主、副电能表应有明确标志，以主电能表计量数据作为结算依据，副电能表计量数据作为参照；当确认主电能表故障后，副电能表计量数据替代主电能表计量数据作为电量结算依据。

5.1.2 电力用户新装（增容）办理电能表流程

1. 高压电力用户新装（增容）办理电能表流程

企业高压电力用户新装（增容）办理电能表流程为：

（1）业务申请。企业可通过掌上电力 App、95998 智能互动网站或区域各供电营业厅提交正式用电申请。

申请所需资料有：① 用电主体资格证明［自然人身份证、法人营业执照或非法人组织机构证明文件（统一社会信用代码证）］；② 用电地址的物业权属证明；③ 用电容量需求清单；④ 用电工程项目批复或备案文件。原用电范围内的增容业务如①②④资料无变化则无须重复提供。

（2）确定供电方案。受理企业用电申请后，电网企业会预约时间勘查用电现场供电条件，初步确定供电方案。自受理用电申请之日起，高压单电源电力用户供电方案书面答复意见期限不超过 15 个工作日，高压双电源电力用户答复期限不超过 30 个工作日。

电网企业对电力用户工程设计文件的合理性及电力工程的安全性还需进行确认工作，即对电力用户提供的工程设计文件进行审核、对用电工程进行中间检查。电力用户需提前准备设计单位资质证明材料、用电工程设计及说明书，电网企业在电力用户设计文件审核申请提出之日起 10 个工作日内完成审核；中间检查需提前准备施工单位资质证明材料、隐蔽工程及试验记录，电网企业在电力用户中间检查需求提出之日起 3 个工作日内完成中间检查。

（3）工程验收。对于 10（20）kV 新装、增容用电工程由电网企业投资建设至电力用户产权分界点。电力用户受电工程完成后需向电网企业提交竣工检验申请及相关资料。申请所需资料有：① 受电工程竣工报告；② 交接试验报告；③ 施工单位资质证明材料。电网企业在受理竣工验收申请之日起 5 个工作日内组织竣工验收。对于验收中发现的问题，电网企业将出具"受电工程竣工验收单"。电力用户按照"受电工程竣工验收单"敦促施工单位消除缺陷，缺陷消除后通知电网企业再次检验，直至合格。

（4）装表接电。受电工程竣工验收合格、结清费用、签订供用电合同及相关协议完成后，电网企业在 5 个工作日内启动装表接电工作。在正式接电前，电网企业与电力用户签订供用电合同，电费结算协议、重要电力用户自备应急电源管理协议等作为供用电合同的附件，约定双方的权利和义务。

对于采用架空进线方式的电力用户，按以下标准确定产权分界点：架空进户带隔离开关、熔丝的电力用户，以及电缆进户带隔离开关、熔丝的电力用户，以公用架空线路与电力用户第一断路器（熔丝、隔离开关）负荷侧桩头为产权分界点；穿墙套管进户的电力用户，以供电公司架空引线与电力用户变电站电源进线穿墙套管连接处为产权分界点；架空进户无隔离开关，带耐张线夹的电力用户，以电力用户厂界外或电力用户变电站外第一基电杆引下线耐张线夹连接处（直线杆以厂界垂直面）为产权分界点；电缆进户无隔离开关的用户，以及专用高压电缆直接与公用架空线路连接的电力用户，以连接处作为产权分界点。

对于采用电缆进线方式的电力用户，按以下标准确定产权分界点：供电环网柜（开关站、电缆分支箱出线）的电力用户，以进线电缆头与围墙（或户外变电站）外公用环网柜（或其他公用配电设施）出线断路器（负荷开关）负荷侧桩头出线排连接处为产权分界点；电缆井电缆进户的电力用户，以电力用户厂界外进户电缆井电缆头连接处为产权分界点。

2. 低压电力用户新装（增容）办理电能表流程

企业低压电力用户新装（增容）办理电能表流程为：

（1）具备直接装表条件的电力用户办理流程。

1）申请受理。企业可通过掌上电力 App、95998 智能互动网站或区域各供电营业厅提交正式用电申请。

申请资料包括：① 用电主体资格证明（用电人有效身份证明，如委托他人办理需同时提供经办人有效身份证明）；② 用电地址的物业权属证明（房产证明、不动产证明、建房许可证、宅基地证、公有住房租赁证、房屋居住权证明等）。原用电范围内的增容业务，在证件有效期限内无须重复提供①②资料，仅需办理业务时出示核对而不需复印提交（若①②资料在办理初装时未提供或增容业务办理时发生变化或更新的，仍应提供）。

2）装表接电。在受理电力用户用电申请后，电网企业在下个工作日内上门装表接电，同时与电力用户签订供用电合同；也可以预约其他工作日上门。

（2）不具备直接装表条件的电力用户办理流程。

1）申请受理。企业可通过掌上电力 App、95998 智能互动网站或区域各供电营业厅提交正式用电申请。在受理用电申请后，2 个工作日内答复供电方案。

申请资料包括：① 用电主体资格证明（用电人有效身份证明，如委托他人办理需同时提供经办人有效身份证明）；② 用电地址的物业权属证明（房产证明、不动产证明、建房许可证、宅基地证、公有住房租赁证、房屋居住权证明等）。原用电范围内的增容业务，在证件有效期限内无须重复提供①②资料，仅需办理业务时出示核对而不需复印提交（若①②资料在办理初装时未提供或增容业务办理时发生变化或更新的，仍应提供）。

2）工程验收。对新装、增容项目报装容量在《江苏省居住区供配电设施建设标准》（DGJ32/T J11—2016）规定的基本配置容量以内的单相用电，电网企业投资建设至电力用户户内分线盒。对报装容量超过基本配置容量或申请三相用电的电网接入点以下工程，由电力用户依据电网企业答复的供电方案，自行委托具有相应资质的施工单位及设备供货单位实施。工程应满足国家、行业和地方相关技术标准的要求。工程施工完工后，向电网企业提交竣工检验申请，电网企业将在受理后 3 个工作日内与电力用户预约时间进行工程竣工检验。

3）装表接电。正式接电前，电网企业与电力用户签订供用电合同及相关协议，约定双方的权利和义务。在受电装置验收通过并办结相关手续当日装表接电。

5.1.3 核抄流程

电能计量周期和抄表时间应保证最小交易周期的结算需要，保证计量数据准确、完整。

（1）电力用户必须分电压等级分户号计量，如其计量点存在照明、农业等与工业电量混合计量的情况，应在供用电合同中明确"定量定比"拆分方法。为统计售电企业月度电量的偏差，应按照电网企业、售电企业与委托的电力用户三方供用电合同明确的计量点，做汇总统计。

（2）对于同一个市场成员，多个用电户号（或者发电机组）共同签订市场化交易合同的情况，按照各用电户号的实际用电量（或机组实际发电量）进行合同结算电量的拆分。

（3）发电企业内多台发电机组共用上网计量点且无法拆分，不同发电机组又必须分开结算时，原则上按照每台机组的实际发电量等比例拆分共用计量点的上网电量。风电、光伏发电企业，可以按照共用同一计量点的机组容量分摊上网电量。

（4）电网企业应按照电力市场结算要求定期抄录发电企业（机组）和电力用户电能计量装置的数据，并提交电力交易机构。

当交易按月开展时，电网企业应保证各市场成员日电量数据的准确；当交易按日开展时，电网企业应保证各市场成员小时电量数据的准确。

（5）当出现计量数据不可用时，由电能计量检测中心确认并出具报告，结算电量由电力交易机构组织相关市场主体协商解决。

5.2　电　费　结　算

5.2.1　电费结算概述

电费结算针对不同的市场主体和交易方式进行结算设计。电费结算按交易区域可划分为省内交易电费结算和跨省、跨区交易电费结算。

5.2.1.1　省内交易电费结算

各类省内交易电费可分为发电企业基数电量电费、优先发电量电费、抽水蓄能招标电量电费、发电企业与电力用户或售电企业交易电量电费、合同转让交易电量电费、售电企业交易电量电费、优先购电电量电费、批发交易电力用户交易电量电费、零售市场电力用户交易电量电费、辅助服务费用、发电企业超低排放补贴、偏差电量考核费用等。

各类省内交易电费等于各类省内交易结算电价与各类交易电量之积。其中，各类省内交易结算电价按不同品种可分为以下几种：

（1）发电企业基数电量结算电价。基数电量结算电价等于国家核定的标杆上网电价。

（2）发电企业优先发电量结算电价。优先发电量结算电价等于同期市场化交易成交价格。

（3）发电企业市场化交易电量结算电价。市场化交易电量结算电价等于市场化交易成交价格。另外，偏差电量单独结算。

（4）抽水蓄能招标电量结算电价。抽水蓄能招标电量结算电价按国家核定的关于抽水蓄能电站的租赁费用标准执行。

（5）售电企业交易电量结算电价。售电企业交易电量结算电价＝签约电力用户的签约价格–售电企业从发电企业购电价格–输配电价–线损电价–政府性基金及附加。电力用户的电费由电网企业负责收取和支付，售电企业与电网企业进行差额支付。按照偏差考核规定，偏差电量单独结算。

（6）批发交易电力用户交易电量结算电价。批发交易电力用户交易电量结算电价＝从发电企业购电价格＋输配电价＋线损电价＋政府性基金及附加。按照偏差考核规定，偏差电量单独结算。

（7）零售市场电力用户交易电量结算电价。零售市场电力用户交易电量结算电价＝电力用户与售电企业的签约价格＋输配电价＋线损电价＋政府性基金及附加＋电力用户与售电企业约定的偏差电量结算价格。

（8）合同转让交易电量结算电价。合同转让交易电量结算电价＝转让合同中约定的价格。

（9）优先购电电量结算电价。优先购电电量结算电价等于政府规定的电力用户目录电价。

（10）电网辅助服务费用结算由电力交易机构依据规则提供。

（11）电网输配电费结算电价。电网输配电费结算电价表示为

$$电网输配电费结算电价＝输配电量×输配电价 \quad （5-1）$$

（12）发电企业超低排放补贴按照政府相关规定执行。

5.2.1.2 跨省、跨区交易电费结算

跨省、跨区交易电费结算可分为网对网交易电费结算、点对网交易电费结算、点对点交易电费结算和跨省、跨区辅助服务结算等。

跨省、跨区交易电费结算电价按交易品种可分以下几种：

（1）网对网交易电费结算电价。送端电网对受端电网交易电费结算时，受端电网的落地电价＝送电省交易电价＋跨省、跨区专项工

程输电价格（含线损）+受电省政府性基金及附加。

（2）点对网交易电费结算电价。送端发电企业对受端电网交易电费结算时,受端电网的落地电价=发电企业交易电价+送电省输电价格（含线损）+跨省、跨区专项工程输电价格（含线损）+受电省政府性基金及附加。

（3）点对点交易电费结算电价。送端发电企业对受端发电企业交易电费结算时,受端发电企业的落地电价=发电企业交易电价+送电省输电价格(含线损)+跨省、跨区专项工程输电价格(含线损)+受电省政府性基金及附加。

跨省、跨区交易电费结算时,送端电网电费结算按省内交易电费结算,受端电网（企业）电费等于受端电网（企业）落地电价与受端电网（企业）落地电量的乘积。

5.2.2　电费结算原则

5.2.2.1　结算规则

（1）电费结算是根据相关规则和购电方、售电方、输电方合同约定,由电力交易机构负责向市场成员出具结算依据（其中,跨省、跨区交易由组织该交易的电力交易机构会同送、受端电力交易机构向市场成员出具结算依据）,在核对无误后,由电网企业根据国家及省内有关规定分别与各市场成员进行资金结算。

（2）电力用户和发电企业原则上均按照自然月份计量和结算用电量与上网电量,各市场主体暂时保持与电网企业的电费结算和支付方式不变。

（3）发电厂无峰、谷、平分时电价。执行峰、谷、平分时电价的电力用户参与市场化交易时,可以继续执行峰、谷电价,峰、谷电价按市场化交易电价和目录平电价的差值同幅增减。电力用户如按市场化交易电价结算,应承担相应的调峰服务费用（通过直接购买或者辅助服务考核与补偿机制分摊）。采用发用电调度曲线一致方式执行合同的电力用户，不再执行峰、谷电价，按市场化交易电价结算。

江苏省电力用户现行峰、谷、平时段及价格如下：平时段为 12:00～17:00、21:00～24:00，平时段电价执行目录电价；高峰时段为 8:00～12:00、17:00～21:00，高峰时段电价=（平时段电价×5/3）元/kWh；低谷时段为 0:00～8:00，谷时段电价=（平时段电价/3+0.1）元/kWh。例如，参照《江苏省发展改革委关于降低一般工商业电价有关事项的通知》（苏发改工价发〔2019〕499 号）中 1～10kV 大工业电度电价的峰、谷、平时段价格分别为 1.069 7、0.313 9、0.641 8 元/kWh，峰、谷时段价差达到 0.755 8 元/kWh。

5.2.2.2 结算优先级

对于同一个市场成员有多笔市场化交易合同的情况，结算优先级如下：

（1）按合同执行周期排序。当月到期的合同优先于未到期的合同执行，即月内交易、月度交易、季度交易、年度交易结算优先级依次递减结算顺序。

（2）按交易品种排序。合同电量转让合同，跨省、跨区交易合同，电力直接交易合同，抽水蓄能招标电量交易合同，基数电量合同结算优先级依次递减结算顺序。

（3）按交易组织方式排序。集中竞价交易、挂牌交易、双边协商结算优先级依次递减结算顺序。

5.2.3 结算流程

5.2.3.1 结算时序

每月最后一日 24:00 为发电企业、省间、售电企业、电力用户结算关口表记的抄表例日。跨省、跨区交易结算流程如图 5-2 所示，省内结算主要流程如图 5-3 所示。结算具体流程包括：

（1）每月 1 日 00:00～3 日 12:00，电网企业根据结算要求向电力交易中心提供所有贸易计量点日和月合计电量数据。

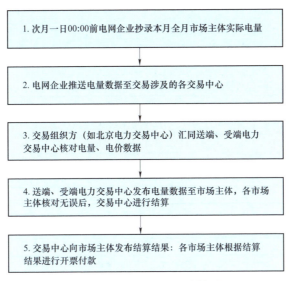

图 5-2　跨省、跨区交易结算流程图

（2）对于需要日计划作为结算依据的电力交易，电网企业向电力交易中心提供日前初始计划和日前、日内的临时调整计划。

（3）跨省、跨区送端、受端电力交易中心之间及发电企业、售电企业、批发交易电力用户与所属电力交易中心核对日和月合计电量数据。

（4）核对无误后，每月 3～10 日前，电力交易中心向发电企业、售电企业、电力用户等市场成员发布结算依据，各市场主体再进行核对，如核对无误则按要求开具电费结算发票，电网企业负责进行资金结算。

5.2.3.2　结算依据

电力交易机构根据电网企业抄录的电能计量装置数据向各市场主体提供结算依据。

（1）发电企业的结算依据。包括本月实际上网电量、每笔合同结算电量/电价和偏差电量/电价、基数电量（或优先发电电量）、电价等信息；在实行预挂牌交易的方式下，发电企业的电费构成包括电量电费、上调服务补偿费、下调服务补偿费、偏差调整费用、平均分摊的结算差额或盈余资金、辅助服务费用。

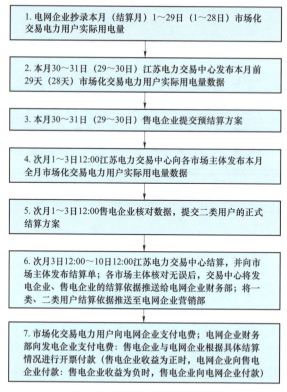

1. 电网企业抄录本月（结算月）1～29日（1～28日）市场化交易电力用户实际用电量

2. 本月30～31日（29～30日）江苏电力交易中心发布本月前29天（28天）市场化交易电力用户实际用电量数据

3. 本月30～31日（29～30日）售电企业提交预结算方案

4. 次月1～3日12:00江苏电力交易中心向各市场主体发布本月全月市场化交易电力用户实际用电量数据

5. 次月1～3日12:00售电企业核对数据，提交二类用户的正式结算方案

6. 次月3日12:00～10日12:00江苏电力交易中心结算，并向市场主体发布结算单；各市场主体核对无误后，交易中心将发电企业、售电企业的结算依据推送给电网企业财务部；将一类、二类用户结算依据推送至电网企业营销部

7. 市场化交易电力用户向电网企业支付电费；电网企业财务部向发电企业支付电费；售电企业与电网企业根据具体结算情况进行开票付款（售电企业收益为正时，电网企业向售电企业付款；售电企业收益为负时，售电企业向电网企业付款）

图5-3　省内结算主要流程图

（2）批发交易电力用户的结算依据。包括该电力用户分户号和电压等级的每笔合同结算电量/电价、偏差调整电量/电价等内容。

（3）零售市场电力用户的结算依据。售电企业根据电网企业提供的该电力用户分户号和电压等级的抄核电量，按照购售电合同约定，将包括分户号和电压等级的电量、电价及偏差情况在内的结算方案提供给电力交易机构。电力交易机构与电力用户核对汇总后，形成市场化交易电量结算依据。零售市场电力用户月度偏差由售电企业在购售电合同中约定偏差补偿办法，电力交易机构不提供偏差调整费用结算单。

（4）售电企业的结算依据。由两部分组成，一部分是与发电企业直接交易每笔合同结算电量/电价、偏差电量/电价等，由电力交易机构结算完成；另一部分是由售电企业向电力交易机构提供其签约电力用户的结算电量、电价等。电力交易机构与电力用户确认后，上述两部分电费汇总记账，资金对冲结算。

（5）电网企业的结算依据。均由电力交易机构提供：① 输电费用结算单，包括每笔合同输电电量、结算电价（含网损明细），以及违约电量、电价等；② 电网企业向跨省、跨区交易市场主体购售电结算单，包括每笔合同的结算电量和电价，以及违约电量、电价等。

（6）辅助服务的结算依据。由电力交易机构提供。

（7）市场主体接收电费结算依据后，应进行核对确认，如有异议在 3 个工作日内通知电力交易机构，逾期则视同没有异议。

5.2.4　合同电费及偏差调整费用结算

5.2.4.1　电力用户结算

对于非市场化售电业务的电力用户，仍按照国家目录电价和供用电合同约定执行。目前，非市场化交易电力用户免于支付偏差调整费用。

2018 年，一类用户市场化交易合同结算采用"月度结算，年度清算"，2019 年采用"月度结算，季度清算"的方式进行，2020 年开始采用"月结月清"的方式进行。一类用户的电度电费，参照其与发电企业签订的市场化交易合同约定的年度合同分月计划，月度交易（包括月度竞价、月内挂牌）成交结果进行结算，即"月结月清"，实际用电量与当月合同电量的偏差，纳入偏差调整费用。结算方式为：

（1）实际用电量低于市场化交易合同约定的月度计划 97%时，除按结算原则中结算次序进行结算外，低于 97%的差值电量部分，按照当期燃煤发电机组标杆上网电价的 10%征收偏差调整费用。

（2）实际用电量为月度计划 97%～103%时，依照结算次序按实际用电量结算，其中超出月度计划的电量按照市场化交易合同加权平均电价结算。

（3）实际用电量为月度计划 103%～110%时，在上述结算的基础上，超出 103%的部分按照对应的目录电价结算并按照当期燃煤发电机组标杆上网电价的 10%征收偏差调整费用。

（4）实际用电量超过月度计划 110%时，在上述结算的基础上，超出 110%的部分按照对应的目录电价结算并按照当期燃煤发电机组标杆上网电价的 20%征收偏差调整费用。

二类用户的电度电费，由其签约的售电企业出具结算方案，提交电力交易机构和电力用户审核。如电力用户有异议，经调解无法达成一致，电力交易机构暂按照目录电价对电力用户进行当月结算。电力用户可提交仲裁机构或上诉解决。争议期间，电力交易机构冻结售电企业的履约保函，并可按照电费争议的具体情况，要求售电企业补充追加履约保函。上述用户的峰谷电价、功率因数调整费用执行国家规定不变。

5.2.4.2　售电企业结算

2018 年，售电企业直接交易合同结算采用"月度结算，年度清算"，2019 年采用"月度结算，季度清算"的方式进行，2020 年开始采用"月结月清"的方式进行。售电企业的电度电费，参照其与发电企业签订的直接交易合同约定的年度合同分月计划，月度交易（包括月度竞价、月内挂牌）计划进行结算，即"月结月清"，实际用电量与当月合同电量的偏差，纳入偏差调整费用。结算方式为：

（1）所有签约的电力用户实际用电量总和低于月度计划 97%时，依照上述结算原则的结算次序结算电量。低于 97%的部分，按照当期燃煤发电机组标杆上网电价的 10%征收偏差调整费用。

（2）所有签约的电力用户实际用电量总和为月度计划 97%～103%时，依照结算次序，按实际用电量结算。其中超出月度计划的电量按照市场化交易合同加权平均电价结算。

（3）所有签约的电力用户实际用电量总和为月度计划 103%～110%时，在上述结算的基础上，超过 103%的部分，按照所有签约用户加权目录电价结算并按照当期燃煤发电机组标杆上网电价的10%征收偏差调整费用。

（4）所有签约的电力用户实际用电量总和超过月度计划110%时，在上述结算的基础上，超出110%的部分，按照所有签约的电力用户加权目录电价结算并按照当期燃煤发电机组标杆上网电价的20%征收偏差调整费用。

另外，售电企业与其市场化交易零售市场电力用户的结算及偏差调整费用，由售电企业根据与电力用户的购售电合同约定进行。另外，经营配电网业务的售电企业还需与电网企业进行结算，应按照供电线路电压等级和计量点的实际用电量，向电网企业支付输电费用。

对于经营配电网业务的售电企业，其配电网范围内供电的电力用户的电量、电费结算由售电企业参照供用电协议执行，政府性基金及附加由配售电企业代收。

5.2.4.3　发电企业结算

常规燃煤发电机组市场化交易电量优先结算，基数电量按照月度滚动方式进行结算。如没有基数电量，按照月度市场化交易电量优先结算，年度长协电量按照月度滚动方式进行结算，发电企业可以通过月内合同转让规避偏差调整费用。

（1）当月度实际发电量高于月度市场化交易电量时，超出电量计入基数电量或年度长协电量滚动。年度基数电量累加超出年度基数计划101%的电量为当月超发电量，超发电量按照当月省内合同电量转让平均电价结算。若当月无合同电量转让，则按照最近一个月的省内合同电量转让平均电价结算。

（2）发电企业因自身原因，当月实际上网电量低于当月市场化交易合同计划时，实际上网电量根据上述结算次序规定按实结算。若实际上网电量低于计划的97%，对低于分月计划97%的差值电量部分，按照当月（最近一个月）省内合同电量转让平均价收取偏差调整费用。

在电力市场过渡时期，发电企业市场化交易合同结算可采用"月度结算，年度清算"的方式进行：

（1）发电企业因自身原因，年度累计实际上网电量低于所有市场化交易合同电量和基数上网电量之和，优先结算市场化交易电量，不足部分扣减基数电量。

（2）当年度实际上网电量超出所有市场化交易合同电量和基数上网电量之和时，累加超出计划 101%以内的电量为超发电量，超发电量按照基数电量价格结算。对超出计划 101%以上的电量，则按照最近一个月的省内合同电量转让平均价格结算。

可再生能源和非常规燃煤发电机组结算基本原则为：

（1）对可再生能源、资源综合利用电厂上网电量实行全额收购。对于参加绿色能源认证交易的风电、光伏发电企业，交易电量不再享受政府补贴。

（2）垃圾掺烧发电企业按国家确定的电价政策结算；热电联产企业按照"以热定电"的原则结算。

（3）天然气发电企业未参加市场化交易，按国家确定的电价政策结算。

（4）核电按市场化交易电量优先结算、基数电量月度滚动方式执行。如当月实际上网电量不足以满足市场化交易电量（电网调度因素除外），差额电量部分，按照当期标杆上网电价与当月发电权交易加权平均电价的差价，向电网企业支付。

5.2.4.4 电网企业结算

电网企业的结算方式为：

（1）除不可抗力外，因电网企业的责任导致发电企业、电力用户（含售电企业）电量超欠，电网企业需双向赔偿发电企业和电力用户（含售电企业）。具体赔偿标准按合同约定执行。

（2）对电力用户、售电企业、发电企业等收取的偏差考核资金在电网企业设立专户进行管理，实行收支两条线，使用办法另行制定，目前未制定办法。

（3）在执行月度偏差电量预挂牌交易的方式下，月度偏差电量按上调、下调电量预挂牌价格当月结清，不跨月滚动。

（4）如电力市场开展现货交易，则按照现货交易规则进行交易结算。

5.2.5　跨区、省间和省内结算方式

5.2.5.1　跨省、跨区结算方式

在国家电网经营区域内，由北京电力交易中心负责组织跨省、跨区交易，并出具结算依据。北京电力交易中心根据年度购售电合同，按月进行具体安排，结合月度交易结果，编制形成月度交易计划。省间输电通道中同时涉及多个交易成分的电量，可分为国家规划配套电源的指令计划（指配套火电或新能源），国家规划的水电、核电等清洁能源年度指令计划，年度政府间协议，年度市场化交易，月度政府间协议，月度市场化交易。省间优先发电计划电量有"保量保价""保量竞价"两种交易和结算模式。跨省、跨区结算方式包括网对网结算、点对网结算和点对点结算模式。

（1）网对网结算模式。售电省电网企业与省外外送发电企业进行资金结算，国家电网有限公司总部与相关售电省电网企业按售电价格进行资金结算，国家电网有限公司总部与相关购电省电网企业按购电价格进行资金结算，购电省电网企业与售电企业（或电力用户）进行资金结算。

（2）点对网结算模式。国家电网有限公司总部与省外外送发电企业按售电价格进行资金结算，国家电网有限公司总部与相关购电省电网企业按购电价格进行资金结算，购电省电网企业与售电企业（或电力用户）进行资金结算。

（3）点对点结算模式。省外发电企业直接与省内售电企业（或电力用户）的电力交易，由受端电网按照双方协商签订的交易合同

约定，通过国家电网有限公司总部与对侧电网企业和省内售电企业（或电力用户）进行资金结算，对侧电网企业根据交易合同约定再与对侧发电企业进行资金结算。

（4）发电权交易结算模式。省内发电企业与省外发电企业进行的发电权交易，包括水电—火电置换交易、风电—火电置换交易、光伏—火电置换交易等，由国家电网有限公司或中国南方电网有限责任公司按照替代双方协商签订的发电权交易合同约定，与相应的省电网企业进行结算。再由替代方省电网企业与替代发电企业进行结算，由替代发电企业（或发电权买方）与被替代发电企业（或发电权卖方）进行结算。

5.2.5.2 省内结算方式

省内电网输配电费和政府性基金及附加等费用，由电网企业按照国家核定的输配电价和实际物理计量电量结算。结算方式为：

（1）发电企业上网电量电费次月由电网企业支付；电力用户仍向电网企业缴纳电费，并由电网企业承担电力用户侧欠费风险；售电企业按照电力交易机构出具的结算依据与电网企业进行电费结算。

（2）售电企业按照所签交易合同约定由电力交易机构出具结算依据，由电网企业进行差额电费结算。

（3）电力用户电度电费按照用户所签订的合同约定仍由电网企业收取。电力用户的容量电费、政府性基金及附加、峰谷电价比、功率因数调整等根据电压等级和类别按实收取，上述费用均由电网企业根据国家及省内有关规定进行资金结算。

5.3 案 例 分 析

5.3.1 结算单据解读

每月月中、月末分两次，发电企业向电网企业财务部开具发票进行资金结算。如图 5-1 所示，每月 10 日前电网企业财务部根据交易中心提供的结算依据与售电企业进行双向费用结算和开具发票。电力用户每月 10 日前由电网企业营销部根据交易中心提供的结算单开具电费核查联（发票），完成电费收取。

电力用户电费核查联如图 5-4 所示，主要内容有：

江 苏 省 电 力 公 司 通 用 机 打 发 票

核 查 联

注：本发票作为核查，不做收费报销凭证

开票日期：20180201　　　　行业分类：电力

页数	1 / 2		供电服务热线95598					纳税号	100000000000W	
户名	XX公司		*企业基本信息*	段户号	1000000000		开户行	XX银行	
地址				总户号	1000000001		账号	100000000000000	201801月
基本电费	受电容量	需量示数	乘率	实际需量	核准需量数	超核准需量 *基本电费部分*	计费容量	单价	金额（元）
	40000	0.0865	220000	19030	19600	19600		40	784000
无功电量	本月示数	上月示数	乘率	加减电量	实用电量	功率因数	93%		增减率	-0.45%
						项目	单价	金额（元）	项目	单价	金额（元）
	437.44	419.78	220000	铜 0	无功总						
	0		220000	铁 0	有功总				力调费		-3582
				加减 0	抄						
有功电量 *电量电费部分*	6.44	6.44	220000		0	尖峰 1.0197	0				
	310.92	296.93	220000	铜	260252	峰 1.0197	265378.96		力调费		-1150.99
	350.77	336.15	220000	铁	271972	谷 0.6118	166392.47				-703.61
	416.96	400.97	220000	加减	297458	平 0.3039	90397.49				-357.4
	1085.09	1040.49	220000	扣 25000	抄 854682			*力调费部分*			
			定量25000	铜		尖峰			力调费		-84.53
				铁	25000	峰					
				加减		谷 0.7883	19707.5				
				扣		平					
			定量0	铜	0	尖峰	0		力调费		
				铁	0	峰					
				加减	0	谷					
				扣	抄	平					
金额合计¥			金额（大写）					违约金¥		
已收金额¥			应补金额¥			账户余额¥		小计金额¥		

图 5-4　电费核查联（第 1 页）

（1）基本电费部分。存在两种计费方式：

1）容量计费。按照受电容量计费，取 30 元/kVA。

2）需量计费。按照实际需量或核准需量计费，取 40 元/kVA。

（2）电量电费部分

$$实用电量 = （本月示数 - 上月示数）\times 乘率 \qquad (5-2)$$

大工业电力用户实际用电量可分为大工业用电和一般工商业用电，其中大工业用电部分按峰平谷电量，对应大工业目录电价。一般工商业部分采用定量、定比或单独表计计量，对应一般工商业目录电价，如图5-4所示。

（3）力调费部分。力调费是指供电公司根据电力用户一段时间内所使用的有无功电量来计算其平均功率因数，并据此收取的相关电费。

$$\cos\varphi = \frac{W_P}{\sqrt{W_P^2 + W_Q^2}} \tag{5-3}$$

式中 W_P——有功功率电量；

  W_Q——无功功率电量。

功率因数在90%以上的，电费减少；功率因数在90%以下的，电费增加，具体如表5-1所示。

表5-1　　　　　　　功率因数与电费增减比例对照表

减收电费		增收电费			
实际功率因数	月度费减少（%）	实际功率因数	月度费增加（%）	实际功率因数	月度费增加（%）
0.90	0.00	0.89	0.5	0.76	7.0
0.91	0.15	0.88	1.0	0.75	7.5
0.92	0.30	0.87	1.5	0.74	8.0
0.93	0.45	0.86	2.0	0.73	8.5
0.94	0.60	0.85	2.5	0.72	9.0
0.95~1.00	0.75	0.84	3.0	0.71	9.5
		0.83	3.5	0.70	10.0
		0.82	4.0	0.69	11.0
		0.81	4.5	0.68	12.0
		0.80	5.0	0.67	13.0
		0.79	5.5	0.66	14.0
		0.78	6.0	0.65	15.0
		0.77	6.5		
		功率因数在0.64及以下，每降低0.01，电费增加2%			

（4）市场化优惠部分。比较如图5-5所示电费核查联第一页与第二页，显示大工业用电和一般工商业用电部分的电量，尖峰、峰、谷、平时段电价的优惠单价和优惠金额，优惠单价为各种交易品类的加权平均电价。

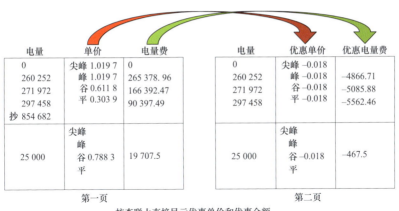

电量	单价	电量费		电量	优惠单价	优惠电量费
0 260 252 271 972 297 458 抄 854 682	尖峰 1.019 7 峰 1.019 7 谷 0.611 8 平 0.303 9	0 265 378.96 166 392.47 90 397.49		0 260 252 271 972 297 458	尖峰 −0.018 峰 −0.018 谷 −0.018 平 −0.018	−4866.71 −5085.88 −5562.46
25 000	尖峰 峰 谷 0.788 3 平	19 707.5		25 000	尖峰 峰 谷 −0.018 平	−467.5

第一页   第二页

核查联上直接显示优惠单价和优惠金额

图 5-5　核查联电价优惠表

5.3.2　电费结算操作流程

电费结算操作流程图如图 5-6 所示。

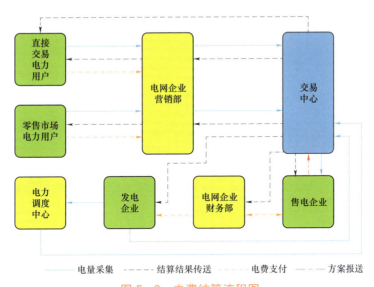

图 5-6　电费结算流程图

一类用户：交易中心每月月初根据电网企业营销部采集的一类用户电量数据，对一类用户的各类购售电合同进行结算。

结算顺序：月度集中竞价交易电量→月内挂牌交易电量→年度双边协商分月计划电量。

结算价格：以各交易品类的合同约定为准。

交易中心提供结算单，电网企业营销部出具电费核查联及发票。

二类用户：交易中心每月月初接收电网企业营销部采集的零售市场电力用户电能数据，将售电企业签约的零售市场电力用户电能数据发送给售电企业。

结算价格：售电企业根据与其签约的电力用户合同约定向交易中心发送结算依据，交易中心确认后，电网企业财务部与售电企业进行结算；电网企业营销部对零售市场电力用户电能量进行结算。

售电企业可提供结算单，电网企业营销部出具电费核查联及发票。

5.3.3　用户结算案例

[例 5-1] 电力用户实际月度用电量低于月度计划电量 97% 时的电费结算。

以企业 A 参与集中竞价交易、月内挂牌交易和年度双边协商月度计划交易的数据为例，进行月度总电量的结算电费分析，见表 5-2。

表 5-2　　　　　　　　月 度 总 电 量 结 算

企业A	集中竞价交易电量	月内挂牌交易电量	年度双边协商月度计划电量
电量（万 kWh）	240	60	700
电价优惠（分/kWh）	1.2	1.0	1.5
结算电价（分/kWh）	37.9	38.1	37.6
实际用电量（万 kWh）	900		

企业 A 的月度用电量主要由三部分组成，即集中竞价交易电量、月内挂牌交易电量和年度双边协商月度计划电量。设定标杆上网电价为 39.1 分/kWh，电价优惠是市场出清电价与标杆上网电价的价差值。交易市场出清后，这三部分电量的电价优惠分别是 1.2、1.0 分/kWh 和 1.5 分/kWh，则这三部分电量按市场出清电价结算，结算电价分别

为 37.9、38.1 分/kWh 和 37.6 分/kWh。

月度结算根据集中竞价交易电量、月内挂牌交易电量、年度双边协商月度计划电量顺序依次结算。这三部分申报电量分别为 240 万、60 万 kWh 和 700 万 kWh，月度计划电量为这三部分电量之和，即 1000 万 kWh。由于实际用电量为 900 万 kWh，则这三部分结算电量分别为 240 万、60 万 kWh 和 600 万 kWh。

由于企业 A 实际用电量只有 900 万 kWh，月度计划电量有 100 万 kWh 的电量余量，即月度偏差电量为 100 万 kWh，这部分电量不需要缴纳电费，但在偏差考核区间内的电量需要承担偏差考核费用。按照电力市场结算规则，当企业用电量在 970 万～1030 万 kWh 时，不需要承担偏差考核费用。由于实际用电量 900 万 kWh 低于月度计划电量 1000 万 kWh 的 97%（如图 5–7 所示），低于 97%的差值电量部分，按当期燃煤发电机组标杆上网电价的 10%（即 3.91 分/kWh）征收偏差考核费用，最后将各部分电量与结算电价相乘得到月度总电量的结算电费。具体结算步骤如下：

图 5–7　实际用电量与计划电量的关系

（1）以 37.9 分/kWh 的电价结算 240 万 kWh 的集中竞价交易电量，电费为集中竞价交易结算电价×集中竞价交易电量＝37.9×240＝90.96（万元）。

（2）以 38.1 分/kWh 的电价结算 60 万 kWh 的月内挂牌交易电量，电费为月内挂牌交易结算电价×月内挂牌交易电量＝38.1×60＝22.86（万元）。

（3）以 37.6 分/kWh 的电价结算 600 万 kWh 的年度双边协商月度计划电量，电费为月度计划结算电价×年度双边协商月度计划电量＝37.6×600＝225.6（万元）。

（4）剩余 100 万 kWh 电量作废，不滚动，也无须缴纳电费。

（5）实际用电量 900 万 kWh 与月度计划电量 1000 万 kWh 的 97% 的差值电量为 $|900-1000\times97\%|=70$（万 kWh），偏差考核费用为偏差考核电价×偏差考核电量 $=3.91\times70=2.737$（万元）。

（6）月度总电量的结算电费 = 集中竞价交易结算电价×集中竞价交易电量 + 月内挂牌交易结算电价×月内挂牌交易电量 + 月度计划结算电价×年度双边协商月度计划电量 + 偏差考核电价×偏差考核电量 $=37.9\times240+38.1\times60+37.6\times600+3.91\times70=342.157$（万元）。

［例 5-2］电力用户实际用电量为月度计划电量的 97%～103% 时的结算。

以企业 A 参与集中竞价交易、月内挂牌交易和年度双边协商月度计划交易的数据为例，进行月度总电量结算电费分析，见表 5-3。

表 5-3　　　　　　　　　月 度 总 电 量 结 算

企业 A	集中竞价交易电量	月内挂牌交易电量	年度双边协商月度计划电量
电量（万 kWh）	240	60	700
电价优惠（分/kWh）	1.2	1.0	1.5
结算电价（分/kWh）	37.9	38.1	37.6
实际用电量（万 kWh）	1020		

在月度结算时，实际用电量为月度计划电量的 97%～103% 时（如图 5-8 所示），按照市场化合同结算次序，按实际用电量结算。其中超出月度计划的电量按照市场化合同加权平均电价结算。具体结算步骤如下：

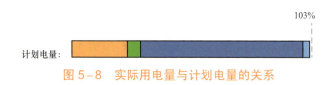

图 5-8　实际用电量与计划电量的关系

（1）以 37.9 分/kWh 的电价结算 240 万 kWh 的集中竞价交易电量，电费为集中竞价交易结算电价×集中竞价交易电量＝37.9×240＝90.96（万元）。

（2）以 38.1 分/kWh 的电价结算 60 万 kWh 的月内挂牌交易电量，电费为月内挂牌交易结算电价×月内挂牌交易电量＝38.1×60＝22.86（万元）。

（3）以 37.6 分/kWh 的电价结算 700 万 kWh 的年度双边协商月度计划电量，电费为月度计划结算电价×年度双边协商月度计划电量＝37.6×700＝263.2（万元）。

（4）超出的 20 万 kWh 结算价格为三种交易品类合同价格的加权平均电价 37.7 分/kWh，电费为加权平均电价×超额电量＝37.7×20＝7.54（万元）。

（5）实际用电量为月度计划电量的 97%～103%时，不承担偏差考核。

（6）月度总电量的结算电费＝集中竞价交易电量×集中竞价交易结算电价＋月内挂牌交易电量×月内挂牌交易结算电价＋年度双边协商月度计划电量×月度计划结算电价＋超额电量×加权平均电价＝37.9×240＋38.1×60＋37.6×700＋37.7×20＝384.56（万元）。

［例 5-3］ 电力用户实际用电量为月度计划电量的 103%～110%时的结算。

以企业 A 参与集中竞价交易、月内挂牌交易和年度双边协商月度计划交易的数据为例，进行月度总电量结算电费分析，见表 5-4。

表 5-4　　　　　月 度 总 电 量 结 算

企业 A	集中竞价交易电量	月内挂牌交易电量	年度双边协商月度计划电量
电量（万 kWh）	240	60	700
电价优惠（分/kWh）	1.2	1.0	1.5
结算电价（分/kWh）	37.9	38.1	37.6
实际用电量（万 kWh）	1100		

在月度结算时，实际用电量为月度计划电量的 103%～110% 时（如图 5-9 所示），超出 103% 的部分按照对应目录电价结算，按照当期燃煤发电机组标杆上网电价的 10% 征收偏差调整费用。设企业 A 为 35kV 一般工商业电力用户，目录电价为 62.15 分/kWh。

图 5-9　实际用电量与计划电量的关系

（1）以 37.9 分/kWh 的电价结算 240 万 kWh 的集中竞价交易电量，电费为集中竞价交易结算电价×集中竞价交易电量＝37.9×240＝90.96（万元）。

（2）以 38.1 分/kWh 的电价结算 60 万 kWh 的月内挂牌交易电量，电费为月内挂牌交易结算电价×月内挂牌交易电量＝38.1×60＝22.86（万元）。

（3）以 37.6 分/kWh 的电价结算 700 万 kWh 的年度双边协商月度计划电量，电费为月度计划结算电价×年度双边协商月度计划电量＝37.6×700＝263.2（万元）。

（4）超出的 30 万 kWh 电量结算价格为三种交易品类合同价格的加权平均电价 37.7 分/kWh，电费为加权平均电价×超额电量＝37.7×30＝11.31（万元）。

（5）超出 103% 以外的 70 万 kWh 结算价格为目录电价 62.15 分/kWh，且需承担偏差考核费用，单价为 3.91 分/kWh，电费为（目录电价＋偏差考核电价）×偏差考核电量＝（62.15＋3.91）×70＝46.242（万元）。

（6）月度总电量的结算电费＝集中竞价交易结算电价×集中竞价交易电量＋月内挂牌交易结算电价×月内挂牌交易电量＋月度计划结算电价×年度双边协商月度计划电量＋加权平均电价×超额电量＋（目录电价＋偏差考核电价）×偏差考核电量＝37.9×240＋38.1×60＋

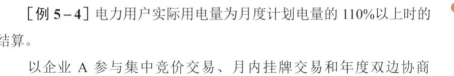

$37.6 \times 700 + 37.7 \times 30 + (62.15 + 3.91) \times 70 = 434.572$（万元）。

[例 5-4] 电力用户实际用电量为月度计划电量的 110%以上时的结算。

以企业 A 参与集中竞价交易、月内挂牌交易和年度双边协商月度计划交易的数据为例，进行月度总电量结算电费分析，见表 5-5。

表 5-5 月 度 总 电 量 结 算

企业 A	集中竞价交易电量	月内挂牌交易电量	年度双边协商月度计划电量
电量（万 kWh）	240	60	700
电价优惠（分/kWh）	1.2	1.0	1.5
结算电价（分/kWh）	37.9	38.1	37.6
实际用电量（万 kWh）	1200		

在月度结算时，实际用电量超过月度计划电量的 110%时（如图 5-10 所示），超出 110%的部分按照对应目录电价结算，并按照当期燃煤发电机组标杆上网电价的 20%征收偏差调整费用。

图 5-10 实际用电量与计划电量的关系

（1）以 37.9 分/kWh 的电价结算 240 万 kWh 的集中竞价交易电量，电费为集中竞价交易结算电价×集中竞价交易电量 $= 37.9 \times 240 = 90.96$（万元）。

（2）以 38.1 分/kWh 的电价结算 60 万 kWh 的月内挂牌交易电量，电费为月内挂牌交易结算电价×月内挂牌交易电量 $= 38.1 \times 60 = 22.86$（万元）。

（3）以 37.6 分/kWh 的电价结算 700 万 kWh 的年度双边协商月度计划电量，电费为月度计划结算电价×年度双边协商月度计划电量 $= 37.6 \times 700 = 263.2$（万元）。

（4）超出的 30 万 kWh 电量结算价格为三种交易品类合同价格的加权平均电价 37.7 分/kWh，电费为加权平均电价×超额电量 = 37.7×30 = 11.31（万元）。

（5）需承担的偏差考核费用有两部分，这两部分的结算价格都为目录电价 62.15 分/kWh。第一部分为占月度计划电量 103%～110%的 70 万 kWh 电量，需承担单价为 3.91 分/kWh 的偏差考核费用；第二部分为占月度计划电量 110%以上的 100 万 kWh 电量，需承担单价为 7.82 分/kWh 的偏差考核费用。这两部分的总费用为（目录电价 + 偏差考核电价）×偏差考核电量之和，即（62.15 + 3.91）×70 +（62.15 + 7.82）×100 = 116.212（万元）。

（6）月度总电量的结算电费 = 37.9×240 + 38.1×60 + 37.6×700 + 37.7×30 +（62.15 + 3.91）×70 +（62.15 + 7.82）×100 = 504.542（万元）。

[例 5-5] 零售市场电力用户与签约售电企业的结算。

企业 C 与售电企业合作，合同规定：每月实际用电量 70%作为年度长协月度计划电量，年度长协优惠为 1.5 分/kWh；每月实际用电量 30%作为月度集中竞价电量，月度竞价优惠以当月市场出清价为准；所有偏差考核费用均由售电企业承担。具体年度长协月度计划电量和月度集中竞价电量数据见表 5-6。

表5-6　　　　　　　　月 度 总 电 量 结 算

企业 C	年度长协月度计划电量	月度集中竞价电量
电量（万 kWh）	560	240
电价优惠（分/kWh）	1.5	1.2
结算电价（分/kWh）	37.6	37.9
实际用电量（万 kWh）	800	

在月度结算时，实际用电量低于市场化交易合同约定的月度计划电量的 97%时（如图 5-11 所示），按照市场化合同结算次序进行结算，低于 97%的差值电量部分，按照与售电企业的合同约定，所有偏差考核费用均由售电企业承担，因此不需要承担偏差考核费用。

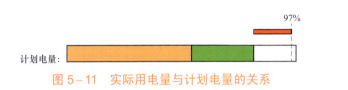

图 5-11　实际用电量与计划电量的关系

（1）以 37.6 分/kWh 的电价结算 560 万 kWh 的年度长协月度计划电量，电费为年度长协月度计划结算电价×年度长协月度计划电量＝37.6×560＝210.56（万元）。

（2）以 37.9 分/kWh 的电价结算 240 万 kWh 的月度集中竞价电量，电费为月度集中竞价结算电价×月度集中竞价电量＝37.9×240＝90.96（万元）。

（3）低于 97%的 170 万 kWh 电量，不需要承担偏差考核费用。

（4）月度总电量的结算电费＝月度计划结算电价×年度长协月度计划电量＋月度集中竞价结算电价×月度集中竞价电量＝37.6×560＋37.9×240＝301.52（万元）。

5.3.4　异议申诉

若对结算结果有疑问或发现结算出现差错，一类用户或售电企业异议申诉方式有：

（1）可向供电公司营销部或交易中心咨询；售电企业可向电力交易中心咨询。

（2）可拨打 95598 电话进行咨询和反馈。

（3）可拨打 12398 电话进行投诉。

二类用户异议申诉方式有：

（1）可向合作的售电企业或者电力交易中心咨询。

（2）可拨打 95598 电话进行咨询和反馈。

（3）可拨打 12398 电话进行投诉。

思考题

1. 集中竞价交易后哪些信息对外公示？

2. 开具电费核查联是哪个部门的职能？

3. 为控制风险，售电企业可采取哪些方式避免偏差考核？

4. 对于市场化电力用户，结算电度电价由哪些内容构成？

5. 表 5-7 为售电企业 A 的月度计划电量情况，超计划电量 3% 的部分，按照电价 399.4 元/MWh 结算。

偏差考核电费按月收取，实际用电量小于直接交易合同总电量 97% 的部分，按照 39.1 元/MWh 收取偏差考核费用；实际用电量超出直接交易合同总电量 103% 的部分，按照 39.1 元/MWh 收取偏差考核费用；实际用电量超出直接交易合同总电量 110% 的部分，按照 78.2 元/MWh 收取偏差考核费用。

表 5-7　　　　售电企业 A 的月度计划电量情况

售电企业	年度长协		月度竞价		市场化交易电量转入	
	电量（MWh）	电价（元/MWh）	电量（MWh）	电价（元/MWh）	电量（MWh）	电价（元/MWh）
A	800	365	300	380	200	370

（1）当月售电企业 A 的实际用电量为 280MWh 时，试计算该售电企业当月的购电支出？

（2）当月售电企业 A 的实际用电量为 550MWh 时，试计算该售电企业当月的购电支出？

（3）当月售电企业 A 的实际用电量为 1326MWh 时，试计算该售电企业当月的购电支出？

第6章
电力交易平台与安全防护

电力市场的运营是组织电力市场成员，按照一定的市场运营规则开展电力、电量的购售交易。面对发电企业、电力用户、售电企业等众多的市场成员及海量的市场运行数据，为保证市场化交易、计量和结算数据的准确性，建设了电力市场技术支持系统（electricity market operation system，以下简称为电力交易平台或平台）服务于市场运营。电力市场技术支持系统是计算机、数据网络与通信设备、各种技术标准和应用软件有机组合的信息化系统。电力交易平台服务于市场运营的技术支持系统，并随着电力市场化改革的推进与互联网信息技术的进步而不断发展。

6.1 国外电力交易平台

国外成熟电力市场均建立了相应的电力交易平台，以面对众多的市场成员和海量的市场运行数据，完成交易的组织管理、财务结算、信息发布等方面的要求。

美国PJM电力市场建立了相对完备的市场体系，为解决成员数量增加带来的性能问题和系统间繁杂的数据交互问题，PJM电力市场设计和建设了先进、可靠、灵活、易维护的新一代高级控制中心

（advanced control center，AC2），如图6-1所示。美国PJM电力市场技术支持系统由四部分构成，分别是电能量管理系统（EMS）、电力市场管理系统（MMS）、结算子系统和市场成员交互电子套件。

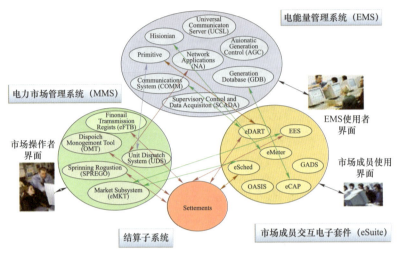

图6-1　美国PJM电力市场技术支持子系统的关系图

美国加州调度交易机构CAISO开发的电力市场技术支持系统，包括计量系统、计划基础设施（SI）、计划应用（SA）、业务平衡系统（BBS）和电源管理系统（PMS），能够为市场主体提供实时的电力和价格曲线等详细数据，如图6-2所示。加州ISO的主节点位于萨克拉门托附近的佛森（Folsom）地区，备份节点位于洛杉矶附近的

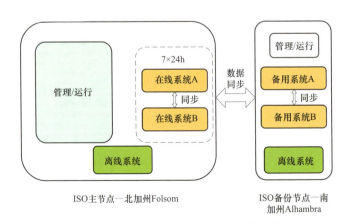

图6-2　加州电力市场技术支持系统架构图

阿罕布拉（Alhambra）。备份节点全天候运行，并与主节点保持同步。为了确保数据库的完整性，采用了一个集中且完全冗余的硬件架构。

美国不同电力交易平台均采用通用信息模型（CIM）的数据结构，以实现系统之间标准化的信息交互。

6.2　江苏电力交易平台

6.2.1　建设背景

江苏电力交易中心有限公司（简称江苏电力交易中心）为发电企业、售电企业、电力用户等市场主体搭建流程规范、运作透明、功能完善、便于监管的统一电力交易平台，提供公平高效的优质服务，接受江苏省电力监管部门、电力主管部门等政府监管部门的监督，支撑交易中心各项业务的在线顺利开展。

6.2.2　建设目标

为了同时满足市场主体、市场运营及政府监管的需要，江苏电力交易中心通过建设支持海量互联网用户同时在线访问的电力市场化交易技术支撑平台（简称江苏电力交易平台），向发电企业、电力用户、售电企业等市场主体开放面向市场主体的数据交互接口，提供包括短信、微信、移动 App 在内的多种渠道综合交互服务，以及政府与监管机构的专用监管通道。江苏电力交易平台支撑江苏省的能源资源优化配置和电力用户直接交易，支撑新型多周期（跨年度、年度、月度及短期、挂牌）等多交易品种的运营，为江苏省电力市场运营提供可靠、稳定的技术支撑，为发电企业、电力用户、售电企业提供公开透明的电力交易服务。

6.2.3　设计原则

基于国家电网有限公司"SG-ERP"（state grid-enterprise

resource planning）总体架构的指导原则，系统总体架构设计遵循以下具体原则：

（1）标准化原则。江苏电力交易平台遵循"SG-ERP"工程的建设标准，通过建立交易业务标准模型和统一规划应用功能，基于标准数据模型，构建统一电力交易平台。通过国家电网有限公司一体化信息平台，实现业务和数据的横纵向集成。

（2）适用性原则。充分考虑国家电网有限公司总部、省市公司等地电力交易业务差异和市场现状，江苏电力交易平台应具备良好的可配置性和可扩展性，通过业务流程、权限灵活配置等手段，适应电网企业内部业务流程和处理逻辑的变化。

（3）可靠性原则。系统软硬件资源需要保障技术支撑系统 7×24h 不间断、可靠运行，通过全方位监控、全过程跟踪、全环节交互控制的系统软硬件资源管理功能，保证系统运行的高度可靠。系统应设计独立的数据管理、控制、校核功能模块，能够对数据资源进行监视，保证数据的完整性、准确性、可靠性。

（4）可扩展性原则。系统应采用柔性设计，拥有良好的可扩展性，具备业务处理的灵活配置能力，能随着江苏电力交易平台业务需求变化灵活调整与扩展。

（5）安全性原则。系统建设遵循《国家电网公司应用软件通用安全要求》，结合电力交易业务应用的特点，加强信息安全防护，系统具备有效的认证、授权和审计机制，实现权限分级和数据分类，能够对敏感数据进行加密，对各类操作进行权限控制，保护江苏电力交易平台的边界安全、应用安全、网络安全。

（6）易用性原则。系统应满足电力用户操作习惯、降低操作复杂度、提高工作效率，满足电力用户正常合理的要求。

6.2.4　建设范围

江苏电力交易平台是在北京电力交易中心和省市电力交易中心

两级部署、统一运作的信息化系统。北京电力交易中心交易平台主要支撑跨省、跨区的市场化交易业务开展，江苏电力交易中心交易平台主要支撑省内市场化交易业务的开展。

电力交易平台主要包含交易管理、计划管理、结算管理、市场成员管理、合同管理、信息发布、电力电量平衡 7 个应用功能模块的升级，以及业务数据管控、市场运营分析、数据质量管理、服务窗口管理、市场信息综合统计、交易全景展示 6 个新应用功能模块的研发。

6.2.5 技术特点

1. 适应多规则的交易算法模型

江苏电力交易平台能处理海量用户交易申报信息，并考虑电力用户目录电价、发电企业上网电价、输配电价、网损因子及其他电价影响因素，根据交易规则进行集中计算分析，形成出清结果。

在江苏电力交易平台的设计上，通过对发电权交易，电厂外送电交易，跨省、跨区电量交易，电力用户与发电企业直接交易等各类交易规则进行分析，形成以算法因子为主线的算法配置模型，以适应地方交易规则的差异和规则本身的变化。针对交易的组织形式进行抽象和提炼，形成以交易配置管理为基础，以双边和集中交易为主要组织形式的功能架构体系，为技术支撑平台的业务支撑能力奠定了基础。

2. 购电和售电侧统一的结算模型

双边市场化交易机制建立后，电能结算环节由售电侧单边结算过渡到对购售电双方同时结算，发电企业和电力用户的发用电量相互影响，复杂度较高，各单位结算规则也不尽相同，要求建立一套可灵活配置并适应可预期扩展需求的电能结算体系和功能模块。

在系统设计上，以原有的购电侧结算模型为基础，针对售电结算业务进行综合分析，进一步完善结算模型的设计，通过对应用功能进行适应性的升级，既延续了结算模型的统一完整，同时又保证了售电侧结算业务的开展。

3. 两级市场业务联动模型

实现了统一电力市场的跨交易平台业务协同技术，主要包括：① 业务信息的共享与同步，在统一电力市场的电力交易业务交互信息编码规则的基础上，基于统一电力市场的成员准入规则，实现了市场成员跨交易平台交易业务数据同步，建立跨交易平台交易信息交互机制。② 实现了跨省、跨区电力交易与省内电力交易的业务协同，交易组织、交易执行跟踪、交易结算实现了两级技术支撑平台业务处理流程间的协调运作。③ 实现了资源优化配置目标下统一电力市场的跨省、跨区交易计划、结算与省内机组发电计划、结算的协调运作，并设计研发相关的系统支撑功能，实现两级跨交易平台间的业务协同。

6.2.6 系统服务范围

1. 公告公示、新闻动态、政策法规、信息发布

市场信息公示网站面向政府、社会公众和市场成员，统一规范发布信息的种类、内容和时间，交易中心按照规定进行信息发布工作。定期对发电企业、电力用户等市场主体和社会各界公开披露电力市场化交易的有关信息，包括运营信息、监管信息、信息发布等，以及交易适用的法律、法规、电力行业规程、管理规定、电力交易工作流程、新闻动态、通知公告等信息的公示。

2. 市场成员注册、电力用户绑定、信息变更

市场成员包括各类发电企业、售电企业、电力用户，各市场成员在统一电力交易平台下载附件并按固定格式准确填写相关信息进行注册，售电企业与零售市场电力用户的绑定，以及公司主体信息变更、账户注册及密码修改。

3. 交易申报、交易结果查看

电力市场化交易品种包括电力直接交易，跨省、跨区交易，抽水蓄能电量招标交易和合同电量转让交易等，符合准入条件的发电企业与电力用户（含售电企业）登录统一电力交易平台，经双边协商、集中竞价、挂牌等方式达成购售电交易。交易成交后，市场成员可登录系统，查看交易结果。

4. 合同查询、附件下载、执行追踪、合同签章

电力交易机构出具的电子交易中标通知书，与合同具备同等效力。市场成员可登录统一电力交易平台，查询合同信息，下载合同附件，查看合同电量执行追踪情况及合同电子签章。

5. 直接交易分月电量申报及确认

签订年度双边协商合同的市场成员在指定时间段，登录统一电力交易平台，由发电企业申报每笔合同后续月份分月电量，经一类用户或售电企业确认，交易中心审批。

6. 结算及考核依据查询、反馈与确认

电力交易机构向各市场成员提供结算和考核依据，主要包括发电企业的结算依据、批发交易电力用户的结算依据、售电企业的结算依据、电网企业的结算依据、零售市场电力用户的结算依据、电力用户的考核依据和售电企业的考核依据等，市场主体可以查询、反馈、确认结算和考核信息。

6.2.7 系统实操

6.2.7.1 市场成员注册

1. 发电企业注册

步骤一：打开 360 浏览器极速模式，输入地址 https://www.jspec.com.cn，打开平台界面，如图 6-3 所示。

步骤二：单击【注册】。

步骤三：阅读【注册须知】选择同意，单击【下一步】。

步骤四：选择【发电企业】，单击【下一步】。

步骤五：进入注册页面，如填写注册信息并上传相关 PDF 附件。

图 6-3　发电企业注册界面

联系人信息，通过单击"＋"新增，必须有且只有一个常用联系人，带星的为必填项。

股权信息，通过单击"＋"新增，带星的为必填项。

步骤六：注册成功后，使用上述注册账号登录，可以进入临时登录页，对注册的信息进行修改，修改完后单击【提交】，等待交易中心审批通过。若信息有误被交易中心驳回，修改相关信息后继续提交审核，直至后台将账号生效。

2. 售电企业注册

步骤一：打开 360 浏览器极速模式，输入地址 https://www.jspec.com.cn，打开平台界面，如图 6-4 所示。

步骤二：单击【注册】。

步骤三：阅读【注册须知】选择同意，单击【下一步】。

步骤四：选择【售电企业】，自动下载售电企业信用承诺书，仔细阅读后打印并签字盖章，最后扫描成 PDF 格式文件，提交注册信息时作为附件信息一并提交，单击【下一步】。

步骤五：进入注册页面，如图 6-4 所示，填写注册信息并上传相关 PDF 附件，模板下载地址为"首页＞＞＞注册公示＞＞＞售电企业注册附件材料模板下载"。带星的为必填项，所有信息严格按照售电企业信用承诺书要求，保证公示和提交的材料信息完整、准确、真实，不存在弄虚作假、误导性陈述或者重大遗漏的情况。

图 6-4 售电企业注册页面

售电企业从业人员配置信息，如图 6-5 所示，通过单击【增加】新增。人员资质严格按照售电企业信用承诺书要求，拥有 10 名及以上专业人员，掌握电力系统基本技术、经济专业知识，具备电能管理、节能管理、需求侧管理等能力，有 3 年及以上工作经验，拥有 1 名及以上高级职称和 3 名及以上中级职称的专业管理人员。

图 6-5　售电企业从业人员配置信息

配电网基本信息，如图 6-6 所示，如果有配电网运营权，则需添加供电范围相关信息。

图 6-6　供电范围信息

联系人信息，通过单击【增加】新增，必须有且只有一个常用联系人，带星的为必填项。

附件信息详情见"首页＞＞＞注册公示＞＞＞售电企业注册附件材料模板下载"，包括如下内容：

（1）信用承诺书。

（2）工商营业执照。

（3）资产总额证明。

（4）场所信息。

（5）银行开户许可证。

（6）企业法人代表身份证扫描件。

（7）信用中国公示材料。

（8）公司章程。

（9）电力业务许可证。

（10）注册申请书。

（11）注册信息表。

（12）基本情况说明表。

（13）技术信息支持系统等证明。

步骤六：在账户注册界面，输入登录名和密码，待交易中心审批通过后，使用该账户密码即可登录电力交易系统，用户名为自定义公司名称。

步骤七：注册成功后，使用上述注册账号登录，可以进入临时登录页，对注册的信息进行修改，修改完后单击【保存】，等待交易中心审批通过。若信息有误被交易中心驳回，驳回原因将显示在界面左上角，修改相关信息后继续提交审核，直至后台将账号生效。

步骤八：交易中心审批通过后，对售电企业进行公示，公示期为期一个月。公示前和公示后详细信息在"首页＞＞＞注册公示"中展示。公示期间，任何单位和个人如有异议，可通过江苏电力交易中心有限公司注册专用邮箱 register@jspec.com.cm 实名反映，异议反馈应尽可能提供相关证书、物证等，不得捏造事实、虚假举报，提倡和鼓励实名举报，举报人提供真实姓名、联系地址、联系电话等，以便查证。

步骤九：外省售电企业在满足下列条件时，可以将业务范围推送至江苏省：

（1）资产证明必须是审计报告或验资报告，其中审计报告落款是否在 1 年以内或验资报告落款是否在半年以内。

（2）房屋租赁是否已过期，是否有江苏省固定的经营场所，是否有相应的图文介绍和租赁合同，以及是否有出租方的产权证明等。

（3）人员劳动合同是否已经到期，社会保险证明材料是否已上传。

（4）技术支撑平台是否有相应的图文介绍和售电服务软件相关合同或协议。

（5）更新一份最新版的公示材料，文件名注明是江苏省公示材料。

（6）向江苏省提交纸质材料时需提交授权委托书、关于同意对公司公示材料进行公示的声明原件，按照纸质材料目录装订成册，一式两份。附件请登录交易中心网站地址 https://www.jspec.com.cn 下载。

3. 一类用户注册

步骤一：打开 360 浏览器极速模式，输入地址 https://www.jspec.com.cn，打开平台界面，如图 6-7 所示。

步骤二：单击【注册】。

步骤三：阅读【注册须知】选择同意，单击【下一步】。

步骤四：选择【电力用户（零售市场电力用户）】，单击【下一步】。

步骤五：市场成员类型选择【电力用户一类】，如图 6-7 所示，填写注册信息并上传相关 PDF 附件，模板下载地址为"首页＞＞＞注册公示＞＞＞售电企业注册附件材料模板下载"。带星的为必填项，所有信息严格按照售电企业信用承诺书要求，保证公示和提交

图 6-7　注册界面

的材料信息完整、准确、真实，不存在弄虚作假、误导性陈述或者重大遗漏的情况。单击【保存】后，保存当前页面填写的信息后，单击下一步。

步骤六：单击【新建】，填写用户户号信息后单击保存，自动跳转到填写账户界面，填写用户信息。

步骤七：填写登录账户和密码，待交易中心审批通过后，使用该账户密码即可登录电力交易系统，如图 6-8 所示，进行账户注册。

图 6-8　账户注册

6.2.7.2　系统登录

发电企业、售电企业、一类用户在系统平台进行注册并经交易中心审批通过后，使用自己申请的账户密码登录系统。

1. 登录系统

步骤一：进入交易平台，单击【登录】。

步骤二：使用账号密码（证书）模式登录，输入用户名、密码及验证码，单击【登录】。

2. 数字安全证书办理

依照互联网安全管理规则，数字安全证书是接入江苏电力交易平台的必备条件。自 2020 年 6 月起，原江苏 CA 升级或换发为国信 CA，具体通知登录江苏电力交易中心网站，在新闻动态中查看。江苏电力交易平台具备和中国金融安全认证中心（CFCA）、江苏省国信数字科技有限公司（简称国信 CA）的接入条件。CFCA 与国信 CA 比较见表 6-1，各发电企业、电力用户可以自行选择 CFCA 或者国信 CA 新办、续费或者重新办理江苏电力交易平台的数字安全证书。

表 6-1   国信 CA 与 CFCA 比较

项目	江苏省国信数字科技有限公司（国信 CA）	中国金融安全认证中心（CFCA）
是否获得国家资格认定	是	是
业务办理网站	www.jsgxca.com	www.cfca.com.cn
是否由代理机构办理	在江苏省国信 CA 各网点直接办理，并开具正规增值税普通发票或专用发票	需要通过北京代理公司办理，并通过代理公司开具发票。CFCA 不直接受理任何业务
服务热线电话和服务网点	025-96010，江苏省 13 个地市设有办理网点	010-82812901，需要邮寄办理
新办用户价格	180元/（年·个）	140元/（年·个），350元/（3年·个）；580元/（5年·个）
续费用户价格	60元/（年·个）	——
是否支持网上支付和续费	支持网上支付和在线证书延期	无
在线技术支持	支持客户在线服务，7×8h 服务网址：http://02596010.cn/	无
丢失补办	1. 单位出具的丢失说明（不限格式，加盖公章） 2. 营业执照副本复印件（加盖公章） 3. 经办人身份证复印件（加盖公章） 4. 附件 1：国信 CA 业务申请表（加盖公章），补本费 120 元/个	填写资料后，寄到北京代理公司重新办理
密码重置	携企业工商执照等资料到企业所在地区网点就近免费办理	填写资料后，寄到北京代理公司解密，50元/（个·次）

3. 软件安装

步骤一：使用数字安全证书登录需要下载国信 CA 助手软件及公共基础插件，可单击登录页的证书驱动下载、公共基础插件下载并安装软件。

步骤二：使用数字安全证书登录，插入数字安全证书，输入证书 PIN 码，输入电力交易平台用户名、密码及验证码，单击【登录】，如图 6-9 所示。

图 6-9　数字安全证书登录

6.2.7.3　交易申报

1. 年度双边交易申报

步骤一：交易中心发布交易序列，发电企业申报，电力用户确认；单击【申报方申报】进入如图 6-10 所示的年度双边交易申报主界面。

图 6-10　年度双边交易申报主界面

步骤二：如图 6-11 所示界面，若电力用户是申报方，想增加一条申报数据，单击【新增】，进入如图 6-12 所示界面。

步骤三：选择购方交易单元，进入如图 6-13 所示界面。如想和电力用户某股份有限公司成交，就选择该交易单元，单击【确定】，单击购方交易单元的下拉菜单，选择自己的交易单元与某股份有限公司成交。输入电量电价，单击【保存】。

图 6-11　申报明细（一）

图 6-12　申报明细（二）

图 6-13　申报明细（三）

步骤四：如图 6-14 所示界面，可以看到该条数据为申报状态为"新建"。单击【提交】，确定提交，会有提示"提交成功"，此时该申报状态变为"待确认"，如图 6-15 所示。若申报数据有误可单击【撤销】，重新增加数据。

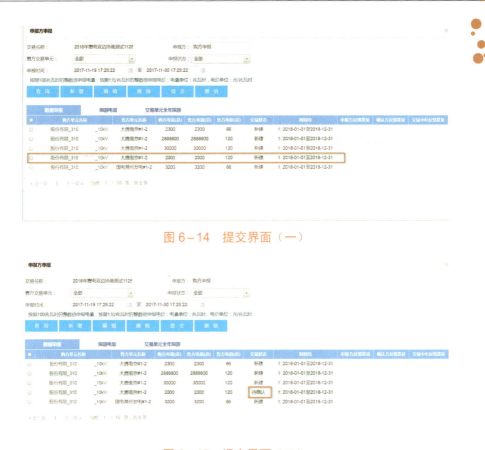

图 6-14　提交界面（一）

图 6-15　提交界面（二）

步骤五：如图 6-16 所示界面，通知电力用户，"我已申报，请对方确认"，对方确认后申报状态会变成"确认方同意"，如果电力用户是确认方，则发电企业新增申报提交，电力用户进行确认。

图 6-16　确认界面

159

2. 年度/月内挂牌交易申报

步骤一：在交易开展周期内，并在准入名单内的电力用户作为购方登录交易中心网站。例如，交易中心发布了一个名为"20180914测试"的交易名称，单击【我的交易】—【交易申报】—【交易进行中】，跳转至挂牌申报界面，如图6-17所示。

图6-17 年度/月内挂牌交易申报主界面

步骤二：如图6-18所示界面，购方单击【我要买】，跳转至挂牌界面。

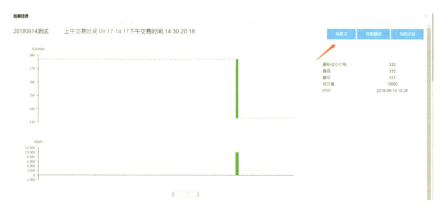

图6-18 挂牌买方界面

步骤三：如图6-19所示界面，选择交易单元，输入电量、电价、正确的验证码，单击【提交】，挂牌成功。此时若有满足条件的挂牌，会自动匹配，完成交易。

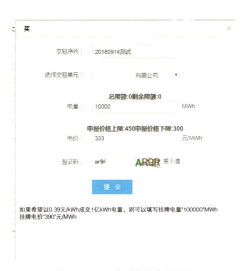

图 6-19 挂牌提交界面

步骤四：若输入超过内网配置的电价范围的电价，会提示电价超过上限/下限，如图 6-20 所示。

图 6-20 超过电价上限提示界面

步骤五：如图 6-21 所示界面，售方登录进平台系统，单击【我的交易】—【交易申报】—【交易进行中】，跳转至挂牌申报界面。

图6-21　挂牌卖方界面

如图 6-22 所示为挂牌电量电价排序界面，为挂牌电价电量的排序列表，没有成交的交易，会按照规则排序展示。对于购方，价格越高的优先级越高；对于售方，价格越低的优先级越高。

	我要卖	我要撤销	我的交易
		电价	电量
卖三		346	10000
卖二		345	10000
卖一		344	10000
		电价	电量
买一		333	10000
最新成交价格		333	
最高		333	
最低		333	
成交量		10000	
时间		2018-09-14 16.20	

图6-22　挂牌电量电价排序界面

步骤六：在挂牌撤销界面，电力用户单击【我要撤销】，可以对未成交的交易进行撤销。

步骤七：用户单击【我的交易】，可以查看所有状态的交易，包括委托中、已成交、部分成交、部分撤销、已撤销。

步骤八：对于准入成员的角色，在购售双方都有配置的时候，需要电力用户登录后，自行去角色配置模块设置角色，角色一旦确定，不能修改。

3. 月度竞价交易申报

步骤一：在交易开展周期内，并在准入名单内的电力用户，单击【我的交易】—【交易申报】，单击交易中心已经发布了的交易名称，电力用户申报，发电企业确认。

步骤二：如图 6–23 所示界面，单击【购方申报】，填入三段式电量和对应的电价，单击申报即可。

图 6–23　月度竞价申报明细界面

4. 交易结果查询

步骤一：购方登录交易中心网站，单击【我的交易】—【交易结果查询】。

步骤二：单击交易名称，弹出交易名称的明细数据，交易基本信息、交易条款信息、时间段和流程信息、购方准入成员及联系方式、售方准入成员及联系方式、申报规则。单击成交总电量，弹出交易成交电量的明细数据、购方名称、售方名称、时间段、购方电量、售方电量、直接交易价格。

6.2.7.4　直接交易电量申报和确认

1. 直接交易电量的申报

步骤一：发电企业登录交易系统，打开界面【我的计划】—【直接交易电量申报】：选择对应的月份，单击【查询】，查询出数据。合同有未上报、电厂已上报、电力用户已同意、电力用户不同意、交易中心已审批五种状态，初始状态为"未上报"。

步骤二：单击合同名称，发电企业申报下个月意向电量，剩余电量按照日历月均摊的原则分摊到后续月上。单击【上报】后，合同状态变为"发电企业已上报"，此时发电企业不可以重复修改上报。

步骤三：在电力用户/售电企业同意，并且交易中心尚未审批的前提下，若因特殊原因仍需修改分月计划，则电力用户/售电企业单击【撤销】并填写撤销理由提交给发电企业。

步骤四：发电企业同意撤销，则该笔合同状态刷新为初始的未上报状态，此时发电企业可以重新上报分月计划重走流程。

步骤五：发电企业不同意撤销，电力用户/售电企业和发电企业商量好电量后再次提交撤销，发电企业同意撤销并重新上报。

步骤六：申报确认时间截止后，界面锁死，双方无法进行申报和确认操作，此时交易中心会按照双方同意的电量进行审批，对于未上报或者双方电量未达成一致的情况，原则上沿用上个月的审批电量。

2. 直接交易电量的确认

步骤一：电力用户登录交易系统，打开界面【我的计划】—【直接交易电量申报】：选择对应的月份，单击【查询】，查询出数据。

步骤二：单击【合同名称】，查看发电企业上报明细数值（界面默认显示为发电企业的上报数值）。电力用户只能对发电企业已上报的数据进行同意或者不同意；电力用户单击【不同意】，发电企业才可以对数据重新修改并上报，此时合同状态为"用户不同意"；电力用户单击【同意】，数据锁定等待交易中心审批，不可以重新修改上报，合同状态变为"用户已同意"。

步骤三：在电力用户/售电企业同意，并且交易中心尚未审批的前提下，若因特殊原因仍需修改分月计划，则电力用户/售电企业单击【撤销】并填写撤销理由提交给发电企业，发电企业对电力用户请求撤销的操作予以同意或者不同意。

步骤四：发电企业同意撤销，则该笔合同状态刷新为初始的未上报状态，此时电厂可以重新上报分月计划重走流程。

步骤五：发电企业不同意撤销，电力用户/售电企业和发电企业商量好电量后再次提交撤销，发电企业同意撤销并重新上报。

步骤六：申报确认时间截止后，界面锁死，双方无法进行申报和确认操作，此时交易中心会按照双方同意的电量进行审批，对于未上报或者双方电量未达成一致的情况，原则上沿用上个月的审批电量。

6.2.7.5　二类用户绑定

江苏电力交易中心于每年下半年开展售电企业与二类用户的绑定工作，具体平台操作以江苏电力交易中心平台网站绑定公告为准。

以 2020 年度绑定工作为例进行实操说明，步骤如下：

步骤一：交易中心发布市场化交易电力用户绑定序列，绑定序列按照两周一循环办理，第一周为网上申报期，在工作日时间内按照日期序列开放绑定，第二周为公示、资料查验期。

步骤二：序列发布后，售电企业登录电力交易中心外网平台，单击【我的注册】→【代理用户绑定（新）】，代理用户绑定主界面如图 6-24 所示。

序列名称：				查询	
绑定序列名称	绑定序列状态	工作开始时间	工作结束时间	绑定生效时间	绑定失效时间
绑定序列测试2020	申报开始	2020-01-01	2020-05-31	2020-05-11	2020-05-12
测试	申报结束	2019-09-29	2019-10-01	2020-01-01	2020-12-31

图 6-24　代理用户绑定主界面

步骤三：单击【申报开始】，如图 6-25 所示，在绑定界面输入需要绑定电力用户的名称或户号或统一社会信用代码。代理用户绑定后界面如图 6-26 所示。

如果当前电力用户已被其他售电企业绑定，则无法绑定。

图 6-25　代理用户绑定明细界面（一）

图 6-26　代理用户绑定明细界面（二）

步骤四：如无绑定关系，则售电企业单击【绑定】按钮，如图 6-27 所示。提交线下绑定材料，上传与零售市场电力用户签订的购售电合同全本，合同内容必须清晰标明双方企业的基本情况、绑定周期、签字页及必要的授权证明，单击【提交绑定申请】，等待交易中心审核，此时状态为"待受理"。

图 6-27　代理用户绑定明细界面

步骤五：如图 6-28 所示界面，交易中心受理售电企业的绑定申请，对其材料进行审核，审核无误则受理通过。如果材料有问题，交易中心会驳回该条绑定申请，并填写驳回理由，此时状态为"受理驳回"。

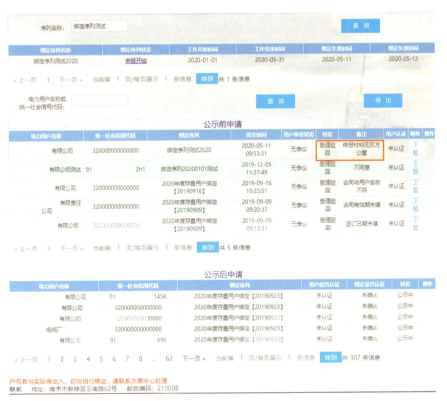

图 6-28 审核状态查询界面

步骤六：被驳回的申请，售电企业可以重新上传佐证材料，再次申请绑定。交易中心再次审核，审核无误则受理通过，此时状态为"受理通过"，如图 6-29 所示。

图 6-29 审核通过

步骤七：受理通过后，交易中心会将该绑定申请公示至外网，此时状态为"公示中"，公示周期按照公告规定执行。对于公示期结束无争议及争议已经解决的绑定申请，交易中心将不再接受调整其他售电企业对此部分用户的绑定申请。同时交易中心将办理三方服务协议的用户信息流转至各地市供电公司，售电企业与电力用户到电力用户所在地供电营业厅据此签订三方服务协议，信息流转状态登录【我的注册】→【三方协议签订查询】界面查看，如图6-30所示。

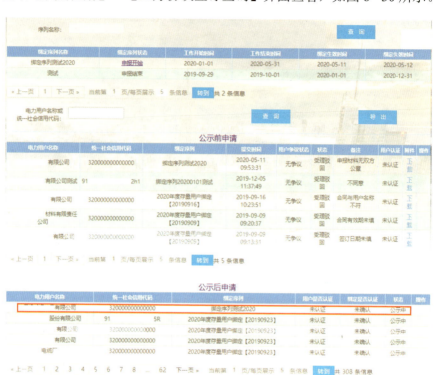

图6-30　公示状态查询界面

步骤八：公示期间的电力用户，售电企业可以登录【我的注册】→【绑定公示（新）】查看，对公示期间的电力用户如有异议，可以上传佐证材料提交争议至交易中心，如图6-31所示。

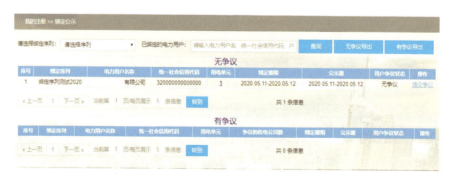

图6-31　争议提交

步骤九：争议处理：售电企业登录【我的注册】→【绑定争议处理（新）】界面进行争议处理，交易中心对在申请受理和公示过程中发现重复绑定申请等的情况，均纳入争议处理。交易中心将向相关售电企业和电力用户发布风险提示，相关售电企业和电力用户自行协商处理，如图 6－32 所示，并按以下方式通知交易中心：

图 6－32　争议处理

（1）如售电企业和电力用户经协商后，双方自愿撤销原有的绑定申请，双方按照附件第二联的格式，向交易平台提交撤销手续。未经电力用户书面确认，售电企业不得撤销已公示的绑定申请。如图 6－33 所示为自愿撤销绑定申请告知书。

（2）电力用户可以对多家售电企业提交的绑定申请争议，在自愿承担法律风险的基础上，按照附件第三联的格式，做出唯一指定确认。如图 6－34 所示为唯一指定告知书。

江苏电力交易中心有限公司

售电公司与电力用户绑定争议风险提示

编号：

依照江苏省电力中长期交易规则第21条："第二类电力用户（零售电力用户）合同周期内只能向一个售电企业购电。" 江苏电力交易中心现收到多家售电公司对一家电力用户的绑定申请，存在市场风险，请各被通知方在一周内协商解决，逾期不保证第二类电力用户能够进入2020年度电力市场。

序号	地区	用户	户号	重复绑定售电公司

联系邮箱：register@jspec.com.cn
联系地址：南京市云南路62号
前台电话：025-85082200

江苏电力交易中心有限公司
XX年XXX月XX日

现被通知方采用以下方式进行争议解决：

□自愿撤销现有绑定申请告知书（第二联）

□唯一指定告知书（第三联）

（第二联）

自愿撤销现有绑定申请告知书

编号：

江苏电力交易中心有限公司：

经友好协商，用户名称：与售电公司名称：的2020年度绑定申请，双方自愿撤销。

同时，为保证电力用户与江苏电力交易中心的业务核对与沟通，授权人名：，身份证号：，手机号：邮箱：作为电力用户电力市场业务的联络方式。上述联络方式如有变更，将及时通知交易中心。

（注：被授权人建议是法定代表人本人或本企业的正式职工，不建议授权给居间或其他辅助咨询机构的从业人员）

（用户盖章）   （售电公司盖章）

（法人代表/授权人签字）   （法人代表/授权人签字）

年 月 日（必填）   年 月 日（必填）

图6-33　自愿撤销绑定申请告知书

（第三联）

唯一指定告知书

编号：

江苏电力交易中心有限公司：

本企业（用户名称），已收到序号为 的风险告知书。现决定唯一确认售电公司提交的2020年度的江苏电力市场绑定申请。

以下售电公司的绑定申请，我公司不予确认：

我公司承诺将严格按照法定的纠纷处理程序，处理后续相关法律和经济纠纷。如因纠纷而造成的相关损失，由本企业承担相应责任，与江苏电力交易中心有限公司无关！

我公司再次承诺，遵守江苏电力市场规则，不发生与多家售电公司重复签订购售电合同的情况！

为保证我公司与江苏电力交易中心的业务核对与沟通，授权（人名），（身份证号）（手机号），（邮箱）作为我公司电力市场业务的联络方式。上述联络方式如有变更，将及时通知交易中心。

（注：被授权人是法定代表人本人或本企业的正式职工，不建议授权给居间或其他辅助咨询机构的从业人员）

（用户盖章）

（用户法人代表/授权人签字）

年 月 日（必填）

图6-34　唯一指定告知书

（3）所有争议应在风险提示下发后的一周内解决，逾期未解决的争议，交易中心结合省内电力市场电力用户侧放开电量总体规模和争议解决时间顺序，补办绑定手续，但不保证电力用户能够进入市场。

（4）如在争议解决过程中再次发生新的重复绑定争议，交易中心将不再办理该电力用户省内年度的绑定手续。

6.2.7.6 结算单的查看及争议反馈

1. 发电企业结算单的查看

步骤：打开界面【我的结算】—【结算单签章】，在交易中心完成发电企业结算后，选择对应的月份，单击【查询】，查询该月份的结算单，单击【结算单】，下载PDF结算单。结算单模板展示如图6－35所示。

电力有限公司

2019年4月结算单

单位：元、MWh、元/MWh

结算起始日：　　　　上网电量合计：

结算截止日：　　　　结算电量合计：

结算成分	支付方	总费用	结算电量	结算电价
基数	国网江苏电力			
调试	国网江苏电力			
标杆	国网江苏电力			
直接交易	国网江苏电力			
合同转让	详见结算明细			
抽水蓄能	国网江苏电力			
挂账	国网江苏电力			
销账	国网江苏电力			
超年度基数计划	国网江苏电力			
其他	国网江苏电力			

江苏电力交易中心有限公司

有限公司5号　结算明细表

交易合同	总费用	结算电量	结算电价	交易对方
合计	—	—	—	—

江苏电力交易中心有限公司

有限公司6号　结算明细表

交易合同	总费用	结算电量	结算电价	交易对方
合计	—	—	—	—

江苏电力交易中心有限公司

图6－35　发电企业结算单明细

2. 一类用户结算单的查看

步骤：打开界面【我的结算】—【结算单签章】，在交易中心完成一类用户结算后，选择对应的月份，单击【查询】，查询该月份的结算单，单击【结算单】，下载PDF结算单。如图6－36所示为一类用户结算单明细界面。

江苏直接交易用户结算核对单

2017年1月   大用户名称：

单位：MWh、元、元/MWh

		购电电费	0		

结算单元：

批发市场购电支出：

总购电量		0	年度协议购电量		年度挂牌购电量	
月度竞价购电量			月度挂牌购电量		月内挂牌转让电量	
月内增量交易购电量			按率市场电价购电量			
其他交易购电量			其他转让转入电量		其他转让转出电量	

合同名称	合同类型	合同分月电量	合同电价	结算电量	结算电费
合计	—	0	0	0	0

当月偏差考核费用：

	考核总额	少用3%以上	多用3%-10%段	多用10%以上段	免考核电量
考核标准	—				
考核电量	—				
考核金额	0				—

江苏电力交易中心有限公司

图 6-36 一类用户结算单明细界面

6.3 江苏电力交易平台安全防护

6.3.1 防护原则

统一电力交易平台防护依据《电力二次系统安全防护规定》（电监会 5 号令）、《国家电网公司智能电网信息安全防护总体方案》（国家电网信息〔2011〕1727 号）要求，按照"分区分域、安全接入、动态感知、全面防护"的安全策略防护，从物理、边界、应用、数据、主机、网络、终端等层次进行安全防护设计，按照保护三级要求进行防护，最大限度地保障统一电力交易平台的安全、可靠和稳定运行。

6.3.2 防护目标

（1）保障统一电力交易平台安全可靠运行。

（2）保障统一电力交易平台用户身份真实可信，防止恶意用户、非授权用户访问。

（3）保障用户传输及交互数据的完整性、保密性，防范外网用户访问信息外网应用服务器时数据被窃取、篡改，防范敏感信息如用户口令密码、业务数据被泄露。

（4）保障统一电力交易平台与其他系统交互数据及存储数据的机密性、完整性。

6.3.3 总体防护架构

安全防护总体技术架构，如图 6–37 所示。

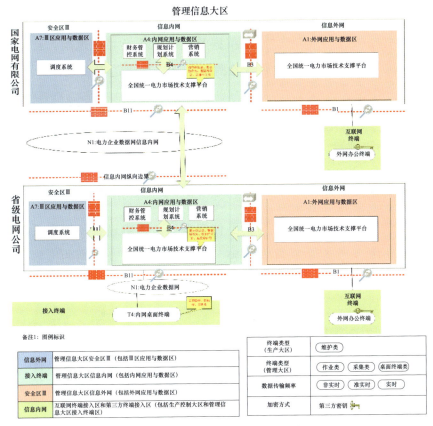

图 6–37 安全防护总体技术架构图

1. 数据安全

统一电力交易平台的敏感数据包括电力交易数据申报信息、电力交易单据信息、计划结算结果信息等，在传输及存储的过程中，面临篡改及泄露风险，通过加密、完整性校验等方式，保障数据安全；同时为保障信息系统的容灾能力，对重点数据进行有效备份。

2. 边界安全

统一电力交易平台边界可分为四类，即信息内网横向域间边界、信息内网纵向域间边界、信息内外网边界及信息外网与第三方网络边界。

统一电力交易平台边界面临 SQL 注入、脚本攻击、病毒攻击等网络攻击风险，同时流经边界的敏感业务数据，如电力交易申报数据、计划结算结果信息、业务单据等面临泄露及篡改风险，部署信息强隔离装置、防火墙及入侵检测设备等，保障边界安全。

3. 应用安全

统一电力交易平台的应用服务及业务信息面临用户认证欺骗、权限及信息泄露、篡改等风险，严格控制用户认证，对敏感信息进行加密存储及传输，并加强权限管理及日志审计，防护系统安全。

4. 物理安全

物理安全防护的主要目的是使服务器、网络设备、信息系统设备和存储介质免受物理环境损害、自然灾害，以及人为的操作失误和恶意损害等。

5. 网络安全

网络安全防护面向为电力市场支撑平台提供网络支撑平台的网络环境设施开展防护设计，包括核心交换设备、汇聚交换设备、接入交换设备、边界防火墙等网络设备。

6. 终端安全

安装外网安全交互平台客户端或浏览器安全控件，并采用第三方数字证书认证登录。要求定期升级系统补丁并安装杀毒软件。要求使用 HTTPS 协议访问，保证数据加密传输。

6.3.4　交易数据安全防护

1. 数据灾备

定期数据备份，采用一级备份。进行数据级灾备，进行本地数据备份与恢复，完全数据备份至少每天一次，备份介质场外存放。数据库服务器采用双机 RAC 冗余部署拓扑，关键节点发生故障时迅速进行服务节点切换及故障节点恢复。提供主要网络设备、通信线路和数据处理系统的硬件冗余，保证系统的高可用性。

2. 数据存储安全

（1）对月度竞价、挂牌交易等敏感数据使用 SM2、SM3 或者 RSA2048 算法进行加密存储。系统核心的管理数据、单据数据申报等业务信息进行存储及应用时，对数据的完整性进行验证，针对数据缺失、异常等情况提供日志记录跟踪及恢复功能。

（2）数据删除均经过访问控制，使用应用软件的访问控制机制；数据的删除至少经过两次确认。

（3）使用 HTTPS 加密技术对传输的业务信息进行机密性保护，使用 SFTP 对远程文件访问进行机密性保护。

（4）对传输数据进行数据签名，并使完整性校验值附在业务数据之后，从而保证传输数据的完整性。

（5）交易客户端应用关键业务数据通过客户端安全专控软件加密后传输至外网交互平台，解密后传输至业务系统。

6.3.5　系统边界安全防护

部署并启用防火墙，配置 VLAN 间访问控制，对域间访问权限进行控制，访问控制粒度细化至端口级。配置 IP、MAC 绑定，防止地址欺骗。部署入侵防范设备，监视并防范边界处端口扫描、木马后门攻击等入侵攻击行为。对策略违背行为进行日志记录，并定期进行日志分析处理，生成审计报表。

6.3.6 系统应用安全防护

1. 身份认证

（1）目前内网用户登录采用用户名密码验证，用户名密码加密传输，通过统一门户进行系统用户登录控制。对外网系统用户采用用户名、口令认证和第三方数字证书方式进行认证。

（2）密码长度下限不少于 8 位，上限不低于 20 位，使用字母和数字、特殊字符的混合形式。连续 3 次输入密码失败，锁定用户账户，直至管理员手工解锁。

2. 授权

（1）在服务端设计用户应用操作权限及关键资源访问权限，应用权限按照功能模块、应用界面、操作按钮进行分级细化；对关键资源访问按照数据库表、关键记录、数据字段级别进行控制。

（2）对电力交易数据申报、电力交易报表等敏感业务信息进行等级标注，控制用户并记录对此类信息的浏览、修改及导入/导出等操作。

（3）对平台管理员、应用管理员、业务用户等按照业务职能进行角色划分，细化至菜单级，控制用户权限粒度。

（4）制定权限分配的申请审核流程，如对岗位指派"功能模块权限"和"功能菜单权限"后，需要经过系统审批员的审核审批。

（5）设置权限委托及收回机制，当某一用户因出差或其他原因暂时无法履行相关职能时，可将本人的部分权限授权给他人代为处理，并可随时收回已委托的权限。提供权限分配的日志记录及审计功能。管理员、业务用户、审计员进行不同的权限划分。

3. 输入输出验证

（1）后台管理采用黑名单或白名单方式对访问的来源 IP 地址进行限制，防止非法 IP 地址的接入及地址欺骗。统一输入及输出数据验证接口，保障验证逻辑的一致性。

（2）按照各接口数据格式，对输入数据进行格式化，如 URL、日期、数字、字符串等，确保数据格式正确。针对特殊字符进行检测，如单引号、1＝1、常用数据库操作函数、分号、for、loop 等，防止 XML 注入、SQL 注入及脚本注入攻击。采用正则表达式验证数据结果。执行数据过滤及筛选，对不合法数据进行丢弃及报警。统一各集成接口错误提示信息。

4. 配置管理

（1）制定严格的配置变更管理流程，系统关键信息如数据库连接、运行参数、模板信息等发生配置变更时，需由相关负责人进行审批确认。

（2）设置配置信息的保存及版本控制规则，避免发生版本丢失或混淆。

（3）使用基于角色的授权策略控制配置管理角色，控制配置权限粒度，配置管理功能只能由经过授权的操作员和管理员访问。

（4）数据库连接、系统运行参数等配置交由中间件进行统一管理，模板配置信息进行加密存储。

5. 会话管理

（1）对外网系统设置会话存活时间为 30min，超时后自动销毁用户会话，删除会话信息。用户登录成功后创建新的会话，并随机分配会话 ID，绑定当前 IP 地址、机器名等信息。

（2）在服务端进行会话信息存储，对用户登录信息及身份数据申报进行加密传输。用户登录后界面提供登出、注销功能。用户注销或关闭浏览器后，服务端自动清除用户会话。

（3）加密技术。用户密码：3DES 的 CBC 模式保存，使用 168 位密钥长度。

（4）通信报文。使用 HTTPS 安全协议传输，使用数字签名确保信息完整和传输安全。

（5）敏感数据。使用 3DES（168 位密钥长度）算法加密保存，使用 RSA 协议加密传输。

（6）集成服务。对于文件类型通过 FTP 流转的均采用 SFTP 安全协议传输，其他类型数据使用 HTTPS 安全协议传输，对于关键应用集成信息，采用数字签名进行安全防护。

6. 异常管理

（1）禁止向客户端返回包括函数名及调试内部版本时出问题的行数的堆栈跟踪详细信息。统一向客户端返回一般性错误消息。

（2）向错误日志发送详细的错误消息。向服务或应用程序的客户发送最少量的信息，如一般性错误消息和自定义错误日志 ID，随后将这些信息映射到事件日志中的详细消息。确保没有记录密码或其他敏感数据。

（3）使用结构化异常处理机制，并捕捉异常现象。

（4）设置异常事务回滚及补偿机制，在异常发生时提供事务安全回滚，并结束发生异常的会话。

7. 日志与审计

（1）审核并记录跨业务应用层的业务逻辑、关键数据访问。

（2）记录的事件类型包括成功和失败的登录尝试、数据修改、数据检索、网络通信和管理功能等，如启用或禁用日志记录。日志记录发生的时间、地点（包括主机名）、当前用户的标识、启动该事件的进程标识，以及对该事件的详细描述。

（3）使用 Windows ACL 和中间件日志管理确保日志文件的安全，并限制一般用户对日志文件的访问，仅允许审计员进行日志访问，将有权操作日志文件的个人数量减到最小。

（4）定期备份和归档生产服务器上的日志文件。

6.3.7 物理安全防护

1. 机房位置选择

总部机房场地处于北京容灾中心。省市公司系统服务器集中存放在各单位通信机房的中高层。机房周围禁止用水设备穿过。机房所在的建筑物具有防震、防风和防雨等自然灾害的能力。

2. 机房出入控制

（1）进出机房需经过授权审批流程，并对人员进入机房后的活动进行控制，控制手段包括安保人员及视频监控等。按照设备机房、人员操作间划分机房物理区域；按网络、主机、存储的设备类别放置不同机柜。

（2）机房门禁 IC 卡具有不同权限。进出日志（进出时间、人员身份）保存在机房监控系统内。

（3）机房部署门禁系统，进出机房需使用 IC 卡。

3. 防盗窃和防破坏

设备或主要部件设置明显的不易除去的标识。电力线缆、通信线缆采用架空桥架走线。对介质进行分类标识，磁介质放在介质库、纸介质统一归档存放档案柜。机房关键区域安装视频摄像头、红外线感应装置。

4. 防火防雷

（1）机房采用火灾温感烟感报警系统，配备七氟丙烷自动气体灭火装置；机房采用耐火的建筑材料；设置重点防火区域，实施隔离防火。

（2）机房建筑配备防雷、避雷装置；机房设置交流电源地线。

5. 防水防潮

（1）机房避开水源，室内水管采取两套管的方式，在关键节点部署漏水检测设备。

（2）机房墙壁和屋顶经过防渗处理。

6. 防静电

机房均铺设防静电地板，机柜安全接地；机房采用静电消除器防止静电产生。

7. 温度、湿度控制

采用精密空调对温度、湿度进行自动控制，温度控制在 22℃±1℃，湿度控制在 40%～60%。

8. 电力供应

电力控制在 10%以内的波动范围，并应采用稳压器和过电保护装置控制电力波动。

9. 电磁防护

电源线与通信线分开走线，避免相互干扰。

6.3.8　网络安全防护

1. 设备安全管理

（1）采用网络设备账号唯一性机制对登录网络设备的用户进行身份识别和鉴别。

（2）配置设备管理策略，对网络设备的管理员登录地址进行限制。制定登录超时及账号锁定策略。

（3）本地或远程设备管理必须进行身份认证；修改默认用户和口令，不使用缺省口令，口令长度不小于 8 位，使用字母和数字、特殊字符的混合形式，不与用户名相同，并加密存储；定期更换口令。

（4）登录失败时，采取结束会话措施，限制非法登录次数，网络登录连接超时自动退出。

（5）对网络设备进行远程管理时，采用安全的 SSH、HTTPS 进行远程管理，防止鉴别信息在网络传输过程中被窃听。

（6）使用网络设备系统自带审计功能或者部署日志服务器保证管理员的操作被审计。

（7）禁用不需要的网络端口，关闭不需要的网络服务。

2. 设备链路冗余

（1）防火墙、交换机等网络设备采用双机模式部署，提高设备链路冗余能力。

（2）互联网第三方链路采用多链路冗余。

3. 网络设备处理能力保证

（1）进行通信链路负载均衡。

（2）使用流量整形设备或 QoS 手段保证网络阻塞时优先保障重要业务信息流的传输。

4. 漏洞扫描

采用漏洞扫描工具定期或重大变更时对系统进行安全扫描，并对于扫描出的漏洞及时进行处理，处理方式包括安装补丁、配置网络访问控制策略和监测黑客利用漏洞行为的数据流。

5. 设备安全加固

在建设时进行安全加固。

6. 配置文件备份

（1）在每次更新网络设备或安全设备配置信息后，由网络管理员进行设备配置文件备份。

（2）定时对设备的配置文件进行备份和检查。

7. 电力光纤专网

通道电力光纤专网专用；限制终端接入 IP 地址；开启网络访问控制措施。

8. 运营商互联网网络

开启网络访问控制措施；部署网络防病毒软件；部署网络入侵检测、入侵防御设备。

6.3.9 终端安全防护

1. 信息内网办公计算机

（1）内网办公计算机 MAC、IP 地址与交换机端口进行绑定。

（2）内网办公计算机全部安装桌面终端管理软件。

（3）内网办公计算机全部安装瑞星、360 等符合公司要求的防病毒软件。

（4）对终端访问通过防火墙进行范围限制。

2. 信息外网办公计算机

安装外网安全交互平台客户端或浏览器安全控件，并采用第三方数字证书认证登录，要求定期升级系统补丁并安装杀毒软件。

思考题

1. 江苏电力交易平台的基本功能有哪些？

2. 市场成员登录江苏电力交易中心网站，输错几次密码就会锁定账户？

3. 直接交易分月计划调整界面，进行年度合同分月计划的申报和确认时，修改哪些数据？

4. 针对交易结果，在电力交易平台的信息发布中，哪些信息将被公开披露？

5. 江苏电力交易平台如何进行交易数据安全防护？

第7章
电力市场建设实践与展望

　　世界范围内，不同国家的电力市场建设起步时间不同，市场模式各具特色，发展程度也不尽相同。国际电力市场的建设过程也为我国的电力市场构建提供了丰富的经验和参考依据。本章主要讲述国内外电力市场建设经验，主要内容有：国外电力市场的建设，包括美国区域电力市场、英国电力市场等。其中，美国区域电力市场部分主要介绍 PJM 电力市场、ERCOT 电力市场及 CAISO 电力市场；英国电力市场部分主要介绍英国电力市场化改革，以低碳为核心的新一轮电力改革和英国电力市场运营。北欧、美国 PJM 和英国的电力现货市场主要介绍市场构成及其交易标的物、交易规模、出清计算与物理模型和价格机制。同时，讲述了国内现货市场现状，并对国内中长期市场与现货市场的衔接进行分析；介绍了美国可再生能源配额制下的交易机制、国内可再生能源配额制的有关背景、国内可再生能源配额制下的交易机制。

7.1　国外电力市场建设经验

　　世界范围内的电力市场改革目的是引入竞争和降低电价，提供高质量的电力和服务。美国、英国、北欧等发达国家的电力市场改革则各具特色，充分体现了电力市场改革的灵活性和持续性。

7.1.1 美国区域电力市场

自 1992 年电力市场化改革以来，以加州危机和 2003 年美国东北部和加拿大部分地区大面积停电（美加大停电）为代表的美国电力工业经历了改革蓬勃期、挫折期和缓慢发展期。虽然各方对电力市场化改革仍存有疑虑，如美国公共电力联盟认为区域输电组织（regional transmission organization，RTO）偏离了保障区域内输电投资的充裕度这一最核心任务，而节点电价也没有起到引导发电和输电投资的作用。但美国联邦能源监管委员会（FERC）充分肯定了市场改革的作用，认为正是竞争确保了美国以合理的价格、安全可靠地供应电力和天然气。美国联邦能源监管委员会认为美国电力市场已具备有效竞争市场的应有特点，即充裕的发电投资、燃料的多样性、市场准入、电网准入、坚强电网、充裕的电网投资、良好的运行绩效、市场透明性、需求侧响应，以及提供新产品、新服务和新技术。

目前，美国大约有 10 个区域电力市场，其中有 7 个为 RTO 或 ISO 运营的区域批发电力市场，包括新英格兰 ISO、纽约 ISO（NYISO）、PJM 的 RTO、西南部 RTO（SPP）、得州的 ISO（ERCOT）、加州的 ISO（CAISO）和中西部的 ISO（MISO）。

美国主要的电力市场均采用一体化交易，一体化交易市场中 ISO 负责现货市场和系统的运行，包括制定日前发电计划，分配输电容量，负责实时电力平衡并提供辅助服务，并将这些市场作为一个一体化的市场优化运行。

7.1.1.1 PJM 电力市场

1. PJM 电力市场简介

PJM 电力市场负责美国大西洋沿岸 13 个州及哥伦比亚特区覆盖 243417mile^2（1mile = 1609.344m）范围的电力系统运行与管理。作为一个区域输电组织（RTO），PJM电力市场负责约72075mile传输线地区电网的协调控制，管理竞争性电力批发市场，规划电网的扩容以保障系统可靠性并减轻网络阻塞。

PJM的历史可以追溯到1927年，宾夕法尼亚州和新泽西州的三家公共事业公司形成了世界上第一个电力联营体，1956年两个马里兰州公共事业公司加入，形成了宾夕法尼亚州—新泽西州—马里兰州互联网络（Pennsylvania jersey-maryland interconnection，PJM）。1997年，经美国联邦能源监管委员会（FERC）批准，PJM成立了独立的公司，成为美国第一家全面运作的独立系统运营商（ISO）；2002年，成为美国首个区域输电组织（RTO），目前负责美国大西洋沿岸中部的宾夕法尼亚、新泽西、马里兰、特拉华、弗吉尼亚（部分）及华盛顿特区的电力系统运行与管理，并组织发电、输电、配电、售（用）电各方参与市场交易。

PJM电力市场作为一个非盈利性企业，其功能主要有以下三个方面：

（1）运营电网，保持供需平衡，监控电网运行，此部分功能类似于国内的调度中心。

（2）运营电力市场，PJM电力市场是一个竞争性的电力批发市场，此部分功能类似于目前国内交易中心的升级版。

（3）提议电网规划方案，规划期长达15年。

2. PJM电力市场委员会设置

PJM电力市场委员会包含PJM电力市场管理委员会、联络委员会、市场成员代表委员会、市场与可靠性委员会、用户组织、高级工作组、运营委员会、计划委员会和市场执行委员会等组织，具体结构如图7-1所示。

PJM电力市场管理委员会的10名成员负责维护PJM电力市场的独立性，并通过执行其审慎的业务判断，确保PJM电力市场履行其业务义务及法律和法规要求。

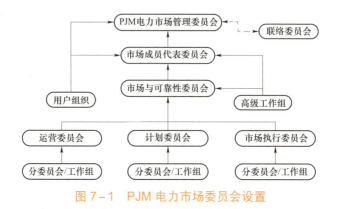

图 7-1 PJM 电力市场委员会设置

联络委员会规定成员与 PJM 电力市场管理委员会之间的直接沟通。

市场成员代表委员会审查和决定各专业委员会和用户组织提出的意见和倡议。市场成员代表委员会就 PJM 电网的安全可靠运行，建立和运作一个强大、竞争和非歧视性的电力市场，以及确保任何成员或成员集团对 PJM 电力市场的运营没有不当影响等事项向 PJM 电力市场提供意见和建议。

市场与可靠性委员会确保 PJM 电力市场的持续可行性和公平性，以及 PJM 电网的可靠运行和规划。市场与可靠性委员会与 PJM 电力市场其他委员会就与 PJM 电力市场可靠和安全运行相关的事项进行合作，确保成员组织持续可靠、经济地运作，确保 PJM 电力市场的公平性，以及对规则的审查和程序的拟议修改。

用户组织是由任何五个或更多有表决权的成员组成的利益相关者组织。用户组织可以相互开会，可以利用 PJM 电力市场协助，并可根据需要直接向市场成员代表委员会和管理委员会提交提案。

高级工作组可由一个高级常设委员会组成，目的是完成有可能产生重大或重大政策影响的具体工作活动，并直接向该委员会报告。

运营委员会审查系统运营，以发现新出现的需求、供应和运营问题。运营委员会向市场与可靠性委员会做定期报告。运行委员会下设调度员培训、系统信息、数据管理、系统运行（发电）、系统运行（输电）、可靠性标准及执行、系统恢复、计量等子委员会。

计划委员会负责审查和推荐 PJM 电力市场大宗电源系统的系统规划策略和政策，以及规划和工程设计。此外，计划委员会就发电能力储备要求和需求方评估因素提出建议。计划委员会下设负荷分析、保护、保护测试、输变电、容量充裕性等子委员会。

市场执行委员会发起并拟订推进和促进 PJM 地区具有竞争力的电力批发市场的建议，提供给市场与可靠性委员会审议。市场执行委员会下设信用、市场结算、需求响应、波动性能源、区域规划处理等子委员会。

3. PJM 电力市场交易运行

从交易品种方面，PJM 电力市场包括能量市场、容量市场、辅助服务市场、金融输电权市场；从交易时长方面，又可分为实时市场、日前市场和长期市场。PJM 电力市场中的交易标的物可分为容量、电能量、辅助服务、输电权，如图 7－2 所示。

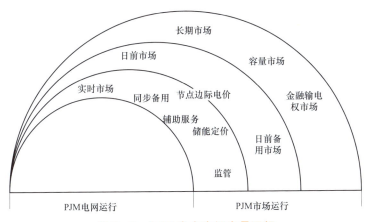

图 7－2 PJM 电力市场交易运行

电能量市场包括日前和实时两个市场，均采用全电量竞价模式，都采用节点边际电价出清方法（LMP），即电网节点上每新增加单位负荷需求所对应的购电价格。

日前市场根据机组投标、负荷报价和双边交易计划，运行基于安全约束机组组合（SCUC）的计算机程序，计算次日每小时的发电计划安排和日前市场电价，并以此对日前市场进行结算。在日前市场上，发电商需要申报其所有的发电资源与交易意愿，市场将其与全网的负荷需求进行匹配，通过出清计算形成发电商的日前交易计划，并按照日前的节点边际电价进行全额结算。此时可以对双边交易和自调度合约进行标识，这部分电量将在出清时保证交易。日前市场本质上是考虑系统安全约束的机组组合问题，每小时出清。

实时市场属于现货市场，等同于平衡市场。根据系统实际运行工况，每 5min 运行基于安全约束的实时安全约束经济调度（SCED）软件，进行一次实时发电调度，按照实际电网操作条件的实时节点边际电价出清一次，并同步公布在 PJM 电力市场官方网站上。之后每小时，依据实时调度结果与日前计划的偏差和实时电价进行一次实时市场买卖双方的结算，每周为市场参与者开具发票。实时市场，本质上是考虑系统安全约束的经济调度问题。

PJM 电力市场的日前市场和实时市场采用双结算系统。日前市场出清结果用于日前计划的结算，实际发电情况与日前计划存在的差异按照实时节点边际电价进行增量结算。需注意的是，日前市场的出清结果只用于结算，实时市场的出清结果用于结算和实时调度。

1996 年发布的美国联邦能源监管委员会第 888 号法令中规定的辅助服务，包括电网调度服务、无功输出功率和电压控制、调频/频率响应、不平衡电量服务、旋转备用服务和运行备用六种。此外，在 PJM 电力市场中还提供黑启动服务。其中备用和调频服务可以通过市场机制提供，其余四种服务一般通过成本分摊的方式提供。在调频市场中，调频服务是通过自动发电控制（AGC）设备来调节发电机，以平衡不断变化的负荷，PJM 电力市场中不设立单独的调频电厂，而是将调频义务分配到各个电力供应商，电力供应商可以通过自身的发电资源提供，与第三方签订合同履行调频义务，或者从辅助服务市场中购买。辅助服务市场分别在日前和实时两个市场出清。

能量市场和辅助服务市场解决的是短期的发电负荷平衡问题，而容量市场的建立是为保证长期发电容量的充裕性。PJM 电力市场于 1999 年建立了容量信用市场（capacity credit market，CCM），允许各负荷服务商参与日前、月度和多月容量市场。2007 年 6 月 1 日，PJM 电力市场引入了新的容量市场设计，可靠性定价模型（reliability pricing model，RPM）代替了 CCM。RPM 是一个提前三年的前瞻性容量拍卖市场，有效期为一年。除发电机组外，也允许负荷资源、获得审批的输电升级计划、终端节能项目等参与市场竞争，考虑区域内的输电约束，进行分区定价。容量市场补充了机组在能量市场中的收入，以确保长期投资的成本回收。

4. 美国 PJM 电力现货市场

（1）现货市场构成及其交易标的物。PJM 现货市场包括日前报价日前出清的日前现货市场和日内滚动报价滚动出清的实时现货两级市场，各级市场的交易标的物均包括电能和辅助服务（备用与调频）。其中，日前市场实现了电能与备用的联合出清，市场成员可在 12:00 前进行投标，12:00 市场关闸，16:00 前完成出清计算并公布交易结果。实时市场则实现了电能、备用与调频的联合出清，市场成员可于 16:00～18:00 针对次日不同时段进行投标，市场在次日实时运行前滚动出清。

（2）现货市场的交易规模。PJM 现货市场采用"全电量优化"模式。在日前市场上，发电商与购电商、电力用户开展集中现货交易，经过调度校核后履行。实时市场同样采用集中现货交易，在实时运行之前，根据最新的预测与系统运行信息对全网的发电资源重新进行全局优化配置。对于实时交易计划与日前交易计划存在的差异部分即偏差电量，按照实时节点边际电价进行结算。一般实时市场交易量约占全部市场交易量的 5%。

（3）出清计算与物理模型。PJM 日前市场与实时市场，在进行出清计算时均精细化地考虑了实际的物理网络模型，并要求发电商申报其机组运行的物理参数，包括开停机参数、额定容量、爬坡速率等。日前市场的交易出清本质上是一个电能、备用联合出清的安全约束机组组合（security-constrained unit commitment，SCUC）问题，而实时市场的交易出清本质上则是一个考虑了电能、调频、备用资源相互耦合关系的安全约束经济调度（security-constrained economic dispatch，SCED）问题。因此，现货市场的出清计算即可形成可执行性较好的发电计划，与实际运行的差异较小，有利于确保电网运行的安全性。

（4）现货市场的价格机制。PJM 日前市场与实时市场均采用节点边际电价（LMP）机制，价格因地点而异。辅助服务则采取全网边际出清价格的定价机制，不区分节点差异。总电价由电能电价、容量费、输电费、辅助服务费等费用组成，其中主要是电能电价、容量费和输电费，合计约占总电价的 96%。

（5）市场力抑制机制。PJM 现货市场上构建了体系完备的市场力抑制机制，以规避市场成员的投机交易行为，确保市场的有序竞争，具体包括事前的市场力检测与抑制机制，如三寡头测试（TPS）、基于成本的投标机制和资源短缺性限价等。

7.1.1.2　ERCOT 电力市场

得州电力市场是美国五大电力市场之一，也是最早开放零售侧竞争的电力市场，由美国得州电力管理委员会（ERCOT）管理。ERCOT 覆盖了得州大部分范围，另有部分边境地区三个区域电力可靠性委员会，分别是西南电力联合体、东南电力可靠性委员会和西部电力协调委员会。得州电力系统是北美三大独立电力系统之一，共有 700 多万电力用户，总发电装机容量达 7900 万 kW，最高负荷达 6000 万 kW，拥有总长 60338km 的输电线路。

1995 年，得州立法机构修订了公共事业管理法案（PURA），要求得州境内各电力公司开放电网，以促进电力批发市场的改革；1996

年 8 月 21 日，得州公共事业管理委员会正式指令 ERCOT 组建独立系统运行员；1996 年 9 月 11 日，ERCOT 董事会对 ERCOT 进行重组，正式作为非营利性 ISO 启动运行，成为美国第一个系统独立调度及控制中心；1999 年 5 月 21 日，得州立法机构通过参议院第 7 号法案。这一法案要求得州建立一个富有竞争性的电力零售市场，并必须在 2002 年 1 月 1 日投入运行，使得州所有的电力用户都能享受到选择其发电商的权力。在要求 ERCOT 改进其管理结构的前提下，第 7 号法案允许得州公共事业管理委员会授权 ERCOT，使其成为得州电力系统和电力市场的唯一独立管理机构。第 7 号法案同时还要求在 2002 年 1 月 1 日之前，所有上市电力公司都要拆分为三个独立的公司，即发电公司、输电配电公司和电力零售公司。2002 年 1 月 1 日，ERCOT 电力零售市场投入运行。ERCOT 电力零售市场是美国最早开放的电力零售市场，也是最成功的电力零售市场之一。2007 年 1 月，浮动性保底电价机制到期，对于原有公用事业公司所属的电力供应商的价格管制被彻底取消。2010 年 12 月，ERCOT 开始全面启动节点市场。

ERCOT 是纯能量市场，没有容量市场。ERCOT 为鼓励投资兴建电厂，制定了一系列稀缺定价机制，在系统电能和备用稀缺的情况下提高电能价格，其中最重要的就是系统报价设置较高的价格帽（price cap），目前 ERCOT 最高报价是 9000 美元/MWh。

得州电力批发市场由两部分组成，即独立于 ERCOT 之外的分散的双边市场和由 ERCOT 组织的集中出清市场。

双边市场是指买卖双方单独或者双方通过经纪人（broker）签订的用来交易电量的双边合同。合同任一方可以同时拥有发电机和负荷，或者两者之一，或者两者皆无（金融买卖市场参与者）。双边合同一般被用来对冲实时市场价格波动的风险，同时有些市场参与者通过双边合同进行套利。据统计，ERCOT 实时市场中绝大多数（超过 90%）电能交易是通过前期双边合同对冲锁定，按照合同价格进行结算。双边合同的基本要素是交付时间（年、月、日、小时或者时间段）、电能、结算点、合同价格。ERCOT 的双边合同可以采用金融差价合约方式，买卖双方不需要拥有发电机或负荷，在实时市场也不需要按照合同发电或者用电。合同签订后，买方需要根据合同电量和合同价格支付给卖方，这是第一部分结算。ERCOT 实时市场出清后，卖方需要根据合同电量和实时价格支付给买方，这是第二部分结算。双边合同的结算时间由双方自由商定并写入合同，根据具体合同可以有不同选择，例如，可以选择签订合同时付款或是按月付款等方式，不同结算时间会影响双方的现金流但不会影响最终的结算量。ERCOT 没有强制要求合同双方必须向 ERCOT 提交所签订的双边合同，但是合同双方可以选择自愿提交，让 ERCOT 帮助结算其双边合同。根据合同性质，是否向 ERCOT 提交双边合同不会改变其最终的结算结果，只会改变通过 ERCOT 的结算量。

在集中式的市场中，ERCOT 通过实时节点市场进行实时调度和网络阻塞管理，保证系统的安全经济供电，是强制参与并且物理执行的全电量出清市场。日前市场是自愿参加的金融性市场，其主要目的是为下一个运行日安排电量和辅助服务，提供价格确定性和发现价格，让市场参与者可以对冲实时市场价格波动的风险。实时市场和日前市场采用双结算系统，可提高实时市场的运行效率，保证日前价格向实时价格收敛。

日前市场中的机组组合有可能不能满足实时的电量和辅助服务要求，因此需要可靠性机组组合（reliability unit commitment，RUC）购买足够的发电机容量来满足负荷预测和辅助服务要求。介于日前市场和实时市场中间的可靠性机组组合是物理性的，相当于一个桥梁来填补金融性的日前市场和物理实时市场中的缺口，从而保证系统的可靠安全运行。可靠性机组组合的主要目的是保证系统里有足够的在线发电容量来满足系统的负荷预测。可靠性机组组合是一种增量集中机组组合，ERCOT 绝大多数机组都是自开机（self-

来自计划协调公司和 PX 的计划和报价，也只跟计划协调公司和 PX 进行结算。

7.1.2 英国电力市场

7.1.2.1 英国电力市场改革

英国电力市场改革始于 20 世纪 90 年代，是撒切尔政府时期英国整体经济体制变革的一部分。在新经济自由主义思潮影响下，撒切尔政府提倡"市场万能"、放松管制、减少政府直接干预，对包括电力在内的多个国有行业相继实施了私有化改造。其改革的主要目的是希望通过行业结构拆分推动私有化，逐步引入市场竞争，从而降低电价、提高效率和服务质量。推行改革时的英国还具有能源自给率高、天然气供应充足、经济增长缓慢、电力工业发展成熟等特殊国情特点。

英国电力市场改革以来，市场模式经历了两次重要的改变。第一次改变是 2001 年从全电量竞价的强制性竞争市场 POOL 模式向双边交易模式为主的新电力交易（NETA）机制转变。在完成了英格兰及威尔士（E&W）地区的工业改革，也就是建立 NETA 机制四年之后，改革被推广到了苏格兰地区，即在苏格兰、英格兰及威尔士三大地区（统称 Great Britain，简称 GB）推广已有的 E&W 模式，因此第二次改变是 2005 年从 NETA 转变为统一的英国电力交易与电力输送制度（British electricity trading and transmission arrangements，BETTA），目前已经形成了覆盖英格兰、威尔士和苏格兰的大英国市场，由英国国家电网公司统一负责系统调度交易和平衡市场运营，由包括 APX 在内的多家电力交易所负责除双边交易外的其他电力交易。

英国电力市场化改革第一阶段是行业结构重组、私有化和电力库模式建立。1989 年，英国议会通过了《1989 年电力法》，在英格兰和威尔士，原中央发电局拆分为 3 个发电公司（国家电力公司、电能公司和核电公司）和一个输电公司（国家电网公司），然后逐步私有化和上市，拆分后的公司和原有的 12 个地方电力局逐步实施私有化。在苏格兰，南苏格兰发电局和北苏格兰水电局在民营化后股份全部售出，成立了苏格兰电力公司和苏格兰水电公司，统一经营发、输、配、售电业务，各部门独立核算。北爱尔兰电气服务部在 1992 年私有化过程中将所属 4 个发电厂售出，同时成立了北爱尔兰电网公司，经营输电、配电和零售业务，并于 1993 年转变为股份制公司。

在进行电力重组的同时，英国电力工业开始实行市场机制，建立了竞争性的电力库（POOL）。在 POOL 模式下，电力输出超过 50MW 的电厂必须持有发电许可证，通过电力库进行公开交易（直供除外），供电公司、批发商、零售商及电力用户（除直供电力用户之外）也必须通过电力库来购买电力。在 POOL 模式下，建立了电力市场交易机构，名为电力联合运营中心（Power Pool 或 Pool），由国家电网公司负责运行。

英国电力市场改革第二阶段是新电力交易制度（NETA）的建立。由于强制电力库存在定价机制不合理、市场操纵力等问题，英国议会于 2000 年 7 月 28 日批准了新的公用事业法案，对电力市场的框架和行业结构进行了调整，设立了新的管理机构燃气与电力办公室（OFGEM）和新的电力用户组织 Energy watch；在英格兰和威尔士地区，以双边合同为主的新电力交易机制完全取代了集中交易的 POOL 模式；引入了新的经营执照标准，重新规定了所有市场参与者的责任、权利和义务。

英国电力市场改革第三阶段是电力交易与电力输送（BETTA）模式的建立。自 1990 年以来的改革，主要是在英格兰和威尔士地区，苏格兰和北爱尔兰地区没有建立竞争性的电力市场。从 2005 年 4 月开始，英国政府决定将 NETA 模式推广到苏格兰地区乃至全国，称 BETTA 计划。BETTA 的主要特点是，在全国范围内建立统一的竞争性电力市场，统一电力贸易、平衡和结算系统；实现全国电力系统的统一运营，由国家电网公司负责全国电力系统的平衡，保障供电质量和系统安全。苏格兰原有两个电力公司保持输电资产所有权。

7.1.2.2 以低碳为核心的新一轮电力改革

近年来，随着北海油气资源的逐渐消耗，英国能源对外依存度不断上升，保持能源供应安全的压力开始显现。此外，由于碳排放目标的压力，大量的燃煤和燃油机组逐步关闭，取而代之的是可再生能源机组和其他运行灵活的低碳机组。这就需要通过充足的电网备用、先进的需求侧管理机制、储能，以及电网基础设施的升级改造支撑其发展。而英国现行的电力市场机制不能满足未来发展需求，需要对市场模式或机制进行变革。

为了应对这些挑战，2009 年 7 月 15 日，英国能源部制定了低碳减排路径，提出需要建立与低碳发展相适应的电力市场机制。2010 年 4 月，能源部对现有市场机制进行了评估，指出现有市场机制将无法吸引投资，难以保障英国的电力供应安全，不能实现碳减排目标。2011 年 7 月，英国能源部正式发布《电力市场化改革白皮书（2011）》，开始酝酿以促进低碳电力发展为核心的新一轮电力市场化改革，主要内容包括针对低碳电源引入固定电价和差价合约相结合的机制、对新建机组建立碳排放性能标准、构建容量机制等。

2011 年 12 月 15 日，英国政府发布《电力市场化改革白皮书（2011）》的技术更新文档，对容量机制及实施差价合约和容量市场的主体机构做出了规定。2013 年 10 月 10 日，英国能源气候变化部（DECC）发布《电力体制改革实施草案》，针对差价合同和容量市场两项政策提出实施草案，当时计划于 2014 年年底举行第一次容量拍卖。2013 年 12 月 18 日，英国政府正式出台《能源法案（2013）》，为新一轮以低碳为核心的电力体制改革奠定立法基础。

英国新一轮电力市场化改革将以保障供电安全、实现能源脱碳化及电力用户负担成本最小为目标，改革主要包括四方面内容：

（1）是低碳能源实行政府定价、以差价合约参与市场的机制。

为确保低碳电力生产商的积极性、提供长期稳定和可预见的激励手段，改革法案提出了一种全新的激励机制——固定上网电价与差价合约相结合的机制。由英国政府确定各类低碳电源的合同价格并设立相应机构，与发电商签订差价合约，确保低碳能源在参与市场竞争中仍能以合同价格获得收入；同时与售电商签订售电合同，按售电量收取低碳费以分摊对发电商补贴而产生的成本支出额。

（2）建立容量市场促进电源投资。2011 年 7 月，《电力市场化改革白皮书（2011）》提出建立容量机制，以吸引发电基础设施建设和需求侧参与市场，最初的备选方案包括招标机制和容量市场机制。其中，招标机制是由政府确定市场中所需的备用容量，并由政府指定机构负责招标；容量市场机制由政府指定机构或供电商作为购买方，交易方式为集中竞价或双边交易，可采用容量物理交易或金融性的容量期权交易机制。通过进一步地论证分析，英国决定采用容量市场机制，并选择英国国家电网公司作为实施差价合约和容量市场的主体机构。在政府授权下，英国国家电网公司将对未来电力需求做出评估并组织容量拍卖，新建和已有电源、需求侧资源、储能设施均可参加，由英国国家电网公司代表售电商收购容量，中标者需保证按时足额发电。

（3）设立碳排放性能标准。限制新建化石燃料电厂的二氧化碳排放标准为 450g/kWh。2009 年，英国发电机组的碳排放量平均为 573g/kWh，燃煤发电机组的平均碳排放量为 882g/kWh，燃气发电机组的碳排放量为 376g/kWh。新的碳排放标准意味着未来英国所有新建燃煤发电机组必须安装碳捕捉与封存装置。

（4）建立碳底价保证机制。当欧盟碳排放交易市场中的成交价格低于政府规定的价格下限时，由政府补偿其差价部分。碳底价保证机制的正式实施时间为 2013 年，英国政府为碳交易设定每吨 15.7 英镑的底价，而到 2020 年这个数字将增至 30 英镑，2030 年进一步增至 70 英镑。

7.1.2.3　英国电力市场运营

英国电力市场主要包括中长期双边交易、日前现货市场、平衡机制、辅助服务市场这几类。英国的中长期双边市场形成的双边合同电量占据总电量的 85%以上，日前集中交易市场和平衡机制构成了英国现货市场，其中涉及的电量仅占总电量的不足 10%，但却是其他市场化交易中进行估价的参考基准，从而成为规避经济风险、调度维护电网安全稳定的重要保证。

在市场运作过程中，实际运作前一天上午，发电企业和售电企业根据已经签订的双边合同，分别形成第二天的发电和用电计划，并在上午 11:00（或 15:30）之前将发用电计划分别提交系统调度机构。英国电力市场化交易运作流程见表 7-1。

表 7-1　英国电力市场化交易运作流程

交易流程	组织方式	内容	交易时间
中长期双边交易	场外 OTC，双边交易	占据超过 85%的实际执行电量	多年到日前
日前集中市场	交易机构（EPEX SPOT、N2EX）集中交易	较少的执行电量用于调整合同、适应最新的供需预测	开始于电量执行前一周、48h 和 49.5h 等；关闭于日前 11:00、15:30 等
确定最终发用电曲线	上报给调度机构	形成 FPN，用于调度执行及事后结算	关闭于电量执行前 1h
平衡机制	上报给调度机构	用于 0.5h 级别的供需平衡措施，由调度调用	关闭于电量执行前 0.5h
辅助服务市场	上报给调度机构	调频、调压等	实时

系统调度机构会根据收到的发用电计划，发布系统的供需情况、网络阻塞情况、线路检修计划等。发电企业和售电企业根据系统调度机构发布的信息，可以通过市场化交易对发用电计划进行调整。在实际执行前 1h，向系统调度机构提交最终发用电计划，以及参与平衡机制的出力（负荷）调整报价。

在系统运行过程中，当发生不平衡电量或输电系统网络阻塞时，系统调度机构将调整参与日内平衡市场的机组和负荷的发电量或用电量，并按照各自的报价支付。对于引起不平衡电量或网络阻塞的企业，事后由系统调度机构收取相应的费用。

1. 英国电力市场机构设置

（1）天然气和电力市场办公室（Ofgem）。Ofgem 是英国政府监管机构。其主要职责是"保护现有和未来消费者的利益"，包括：

1）与政府、行业和消费者团体合作，以最低的成本为消费者提供零成本经济保护消费者，特别是弱势群体，杜绝尖锐和恶劣的行为，确保公平对待所有消费者，特别是弱势群体；

2）促进竞争和创新，从而降低价格并产生新的产品和服务；

3）提供许多政府的环境和社会支持计划，以确保最大限度地提高消费者的性价比。

在英国政府和欧盟确定的法律框架内，与政府、能源行业和其他利益相关者进行有效合作，但独立于政府、能源行业和其他利益相关者。

Ofgem 支持一个竞争激烈、安全、可持续的欧洲能源市场的愿景，为消费者提供价格合理和安全的能源供应。Ofgem 在欧洲监管机构组织（CEER 和 ACER）内开展工作，以制定跨境竞争和投资全面监管框架的要求。

（2）国家电网电力系统运营商（ESO）。ESO 作为英国的电力系统运营商，通过系统安全、可靠、高效地传输电力。

英国的电力通过超过 4500mile 的架空电缆和 870mile 的地下电缆。当英国没有足够的能源时，ESO 从荷兰和法国等不同国家进口能源。

2017 年，Ofgem、贸工部和国家电网公司同意在国家电网集团内创建一家合法独立的企业——国家电网电力系统运营商（ESO）。ESO 于 2019 年 4 月 1 日成为集团内的一个独立实体。

将 ESO 的业务与国家电网电力传输部门分离，使 ESO 的决策提高了透明度，并促进竞争，最终有利于消费者和行业利益相关者。

除此之外，管理平衡与结算系统由 Elexon 公司负责，系统协调电力行业中发电商和零售商间的所有付款金流。

2. 英国电力现货市场

（1）现货市场构成及其交易标的物。英国现货市场由日前市场交易和平衡机制构成，其交易标的物均为电能。辅助服务则多在较长的时间提前量上（月前至日前）开展，由英国国家电网公司的调度中心（NGET）负责购买，可通过签订双边合约或集中招标的方式实施。

日前市场交易由两个电力交易所分别组织，即阿姆斯特丹电力交易所（APX）和北欧与纳斯达克联营现货电力交易所（N2EX），市场成员自愿选择并参与，因此电力交易所之间存在着竞争。APX 组织的电子交易于日前 10:50 关闭，11:50 完成出清计算并公布交易结果；N2EX 则在日前 09:30 闭市，并于 10:00 前向市场公布出清结果。平衡机制由 NGET 负责组织，从日前 11:00 开始，市场成员申报其次日的初始发用电计划曲线，以及次日各时段的计划调整报价（bid & offer），申报于实时运行前 1h 关闸（gate closure）。此时，市场成员的初始发用电计划曲线更新为最终发用电计划曲线（此期间，市场成员可进行修改）。随后，NGET 将依据市场成员的调整报价信息，以再调度成本最低为原则对电网进行平衡调度；与此同时，NGET 也可以选择调用其此前已签订合约的辅助服务资源。

（2）现货市场的交易规模。英国电力市场以中长期双边交易为主，形成物理交割的发用电计划曲线，并提交给平衡机制，以作为增量结算的依据。传统观点一般认为英国电力市场的双边交易所形成的物理交割电量可占全网用电量的 98%。更细致的分析发现，此电量大致分布在 3 个阶段，分别为月前的场外交易（OTC）、月内到日前发生在电力交易所内的标准合约交易及日前交易所组织的电子交易。以 2012 年为例，3 个阶段的交易量占全网总用电量的比例分别为 57.6%、13.9%、26.5%，而平衡机制上的交易量约占全网总用电量的 2%，即现货市场化交易规模的比例大致为 28.5%。

（3）出清计算与物理模型。英国现货市场日前电子交易由电力交易所负责组织，其出清计算不考虑实际的网络情况，也不考虑机组的物理参数。因此，其出清方式本质上是一般意义的集中竞价拍卖，不考虑物理约束，也不需要进行安全校核。事实上，英国的电力交易所与 NGET 基本上没有业务与信息上的交互，也不掌握电网的实际物理拓扑信息。

实时平衡机制则需要考虑真实网络约束，并要求发电商申报其实际的运行参数，在实施平衡调度与网络阻塞管理时考虑。因此，英国现货市场并不存在一个日前 SCUC 的环节，市场成员日前所提交的发用电计划曲线可能违背了电网、电厂运行的物理约束，这些都需在小时前的平衡机制中进行调整。

（4）现货市场的价格机制。原 APX 和 N2EX 所组织的日前电能交易，均采用了边际出清的价格机制，适用于交易所中所有出清的交易电量。而在平衡机制阶段，调度中心为了实施全网的平衡调度与网络阻塞管理，需要对市场成员所提交的发用电计划曲线进行调整，即接收竞价和出价。竞价是指机组降出力或需求增负荷的报价，出价则是指机组增出力或需求减负荷的报价。对于所接受的竞价和出价，都需进行单独结算，结算价格为该竞价和出价所对应的报价，即所谓的按报价支付机制（PAB）。

阿姆斯特丹电力交易所（APX）已被 EEX 集团旗下的 Epexspot 公司收购。2019 年 4 月，英国国家调度中心（NGET）从国家电网公司独立，成为国家电网电力系统运营商（national grid electricity system operator，NGESO）。

7.1.3 北欧电力现货市场

北欧电力市场主要包括中长期双边交易、日前市场、日内市场、实时平衡市场等。2008 年，北欧电力交易所（Nord Pool Spot，2016

年更名为 Nord Pool）的电力金融交易职能被剥离，转由纳斯达克交易所负责组织。

1. 现货市场构成及其交易标的物

北欧现货市场由日前市场、日内市场和平衡市场 3 个部分构成，其交易标的物均为电能。辅助服务的交易机制与英国大致相同，由各国输电运行机构（TSO）负责购买，可通过签订双边合约或集中招标的方式实施。

日前市场由北欧电力交易所负责组织，是一个基于双向匿名拍卖的集中式物理交易市场，于日前 12:00 闭市，在 13:00 向市场公布出清结果。日内市场同样由北欧电力交易所负责组织，市场成员可以在日内市场上进行持续滚动的物理电量交易，直到关闸之前结束（北欧各国的关闸时间不同，大致在实际运行的 1～2h）。平衡市场则在关闸之后由各国 TSO 分别组织，其实施方式与英国的平衡机制类似，不再赘述。

2. 现货市场的交易规模

北欧电力市场同样开展了较大规模的中长期双边交易，主要以 OTC 的方式实施，所签订的双边交易需要在实际运行时进行物理交割。双边交易之外的电量则在现货市场上交易，主要集中于日前市场上，日内市场与平衡市场的交易量则相对较小。以 2012 年为例，日前市场、日内市场和平衡市场上的交易量分别占全网总用电量的 83.7%、0.8%、1.1%。其中，平衡市场的交易量一向比较稳定，而日内市场的交易量则呈现着一定的增长趋势，这与近年来北欧地区风电等间歇性电源的快速发展不无关系。

3. 出清计算与物理模型

北欧日前市场实现了跨国电力交易的统一出清，出清计算时考虑了不同价区（事先根据历史的网络阻塞情况划定）之间联络线的传输能力约束，而不考虑各个价区内部的网络拓扑关系。日内市场允许跨区交易，以利用价区之间联络线的剩余传输能力。平衡市场则由各国 TSO 负责，需要考虑各个控制区实际的网络约束与其他物理运行参数，并考虑与其相连接的联络线的运行条件。

4. 现货市场的价格机制

（1）北欧日前市场采取分区边际电价的价格机制。近年来，随着北欧市场范围的扩大与区域间网络阻塞情况有所加重，目前已扩增至 15 个价区。北欧电力交易所依据市场成员的投标信息，在不考虑网络约束的前提下，计算系统的无约束边际出清电价，即系统电价。当无约束出清发现区域间的输电系统网络阻塞时，则采取"市场分裂"的方式，在不违背网络阻塞约束的前提下分区计算各区的边际电价。

（2）日内市场则采取撮合定价的价格机制。市场成员提交其投标竞价信息，北欧电力交易所以"价格优先、时间优先"的原则进行撮合，即首先对负荷报高价者与发电报低价者进行撮合成交，报价相同时则按先到先得的原则撮合。

TSO 在平衡市场阶段则将依据电量调整方向和报价高低对增减出力的投标分别进行排序，并依据费用最小的原则进行调度。被调用的电量将以区域的边际价格进行事后结算，可分为上调边际价格和下调边际价格两个类别。

7.2 国内电力现货市场建设现状

7.2.1 国内现货市场概述

国内现货市场通常专指商品即时物理交割的实时市场。考虑电力商品交割的瞬时供需平衡特征，电力市场往往将现货市场的时间范围扩大到实时交割之前的数个小时乃至一日。因此，电力现货市场时间范围包括系统实时运行日前一天至实时运行之间。电力现货市场一般采用统一出清的方式，由市场成员自愿参与申报，并对所形成的交易计划进行实物交割和结算。现货市场的重要意义可以总结如下：

（1）可在一个合适的时间提前量上形成与电力系统物理运行相适应的、体现市场成员意愿的优化的交易计划。

（2）以集中出清的手段促进电量交易的充分竞争，实现电力资源的高效、优化配置。

（3）发挥市场价格形成的功能，可真实反映电力商品短期供需关系和时空价值，为有效的投资和发展提供真实的价格信号。

（4）为市场成员提供了一个修正其中长期发电计划的交易平台，减少系统安全风险与交易的金融风险。

（5）为电力系统的网络阻塞管理和辅助服务提供了调节手段与经济信号，真实反映系统的网络阻塞成本，保证电网的安全运行。

为实现上述目标，现货市场建设一般包括日前市场、日内市场和实时市场 3 个部分中的部分或全部，3 个市场各有其不同的功能定位，三者相互协作、有序协调，以构成一个完整的现货市场体系。日前市场是现货市场中的主要交易平台，以一天作为一个合适的时间提前量组织市场，使市场成员能够比较准确地预测自身的发电能力或用电需求，从而形成与系统运行情况相适应的、可执行的交易计划。日前市场往往采用集中竞价的交易方式，有利于促进市场的充分竞争，并发挥市场机制的价格形成功能。日内市场的主要作用在于为市场成员提供一个在日前市场关闭后对其发用电计划进行微调的交易平台，以应对日内的各种预测偏差及非计划状况，其交易规模往往较小。而随着更多间歇性新能源的大量接入，其在日内发电出力的不确定性会大大增强。此时，日内市场则可以为新能源参与市场竞争提供机制上的支持。实时市场则往往在小时前由调度中心组织实施，非常接近系统的实时运行，因而其主要作用并不在于电量交易，而在于为电力系统的网络阻塞管理和辅助服务提供调节手段与经济信号，真实反映系统超短期的资源稀缺程度与网络阻塞程度；

形成与系统实际运行切合度高的发用电计划，保证电网的安全运行。

电力现货市场将产生反映电力商品不同时段、不同地点的边际发电成本和电力供需特性的价格信号。电力价格信号可以准确地反映电力资源的峰谷用电需求差异和系统网络阻塞，通过市场指导资源时空优化配置，促进新能源消纳，提高电力资产利用率，保证电力系统的安全运行。

7.2.2 国内现货市场现状

随着我国电力市场改革步伐的不断加快，电力现货市场的建设被提上了日程。2017 年 9 月 5 日，国家发展改革委和国家能源局联合发布《关于开展电力现货市场建设试点工作的通知》，选择南方（以广东省起步）、蒙西、浙江省、山西省、山东省、福建省、四川省、甘肃省 8 个地区作为第一批试点，2018 年年底前启动电力现货市场试运行。截至 2019 年 9 月底，第一批 8 个电力现货市场试点已经全部启动结算试运行。国内电力现货市场试点总体情况见表 7－2。

表 7－2　　　　　　国内电力现货市场试点总体情况

试点省	山西	甘肃	山东	浙江
现货竞价方式	集中竞价	集中竞价	集中竞价	集中竞价
电价模式	系统边际电价（最初）	分区电价	节点电价	节点电价
中长期合约类型	差价合约	差价合约	差价合约	差价合约
电力用户侧参与方式	报量不报价	暂不参与	报量不报价	探索双侧报价
试点阶段	结算试运行	结算试运行	结算试运行	结算试运行
试点省	福建	四川	蒙西	广东
现货竞价方式	平衡市场集中竞价	集中竞价	集中竞价	集中竞价
电价模式	系统边际电价	系统边际电价	系统边际电价	节点电价
中长期合约类型	实物合约	差价合约＋实物合约	实物合约	差价合约
电力用户侧参与方式	暂不参与	暂不参与	双侧报价	报量不报价
试点阶段	结算试运行	结算试运行	结算试运行	结算试运行

1. 广东省现货市场试点

广东省电力市场化交易可分为电力批发交易和电力零售交易。广东省电力批发市场采用"电能量市场＋辅助服务市场"的架构。其中，电能量市场包含基于差价合约的日以上周期的中长期电能量市场和全电量竞价的现货电能量市场；辅助服务市场包括集中竞价的调频辅助服务市场，以及备用、有偿无功调节、自动电压控制、黑启动等辅助服务补偿机制。

中长期电能量市场基于差价合约开展交易，差价合约具有财务结算意义，不需物理执行。现货电能量市场包括日前市场和实时市场，采用全电量申报、集中优化出清的方式，得到机组开机组合、分时发电出力曲线及分时现货电能量市场价格。

现阶段，广东省采取"发电侧报量报价、电力用户侧报量不报价"（按负荷预测进行负荷平衡）的方式组织日前电能量市场申报，采用全电量申报、集中优化出清的方式开展。实时电能量市场采用全电量集中优化出清方式开展，发电侧采用日前电能量市场封存的申报信息进行出清，电力用户侧无须申报。

广东省电力现货电能量市场采用节点电价机制定价。发电侧按照机组所在节点电价结算，电力用户侧按照统一结算电价结算。

2. 浙江省现货市场试点

浙江省电力市场包含电力批发市场及电力零售市场。现阶段，电力批发市场包括合约市场、电能和辅助服务市场。电能量市场为合约市场和全电量竞价的日前、实时现货电能量市场，辅助服务市场包括调频辅助服务市场和备用辅助服务市场。电力零售市场与广东省电力市场类似。

除风电和光伏发电外，省级以上调度的燃煤发电机组、燃气发电机组、核电机组和水电机组均参与市场交易，外来电送电计划未放开。市场电力用户以报量报价方式参与现货市场。

调频、备用与电能量现货市场联合优化出清，其他辅助服务品种暂按照华东区域"两个细则"管理。备用可分为一级备用和二级备用，不再保留调峰这个品种。

浙江省以 5min 为一个调度时段出清得到节点电价，以 30min 为1 个时段开展结算，结算价格采用 30min 交易时段内所有调度时段价格的加权平均值。发电侧按节点电价进行结算，电力用户侧采用全省加权平均节点电价进行结算。

浙江省日前市场全电量按日前现货市场价格结算，实时与日前市场的电量偏差按实时现货市场价格结算。

3. 福建省现货市场试点

福建省电力市场初期采用发电侧单边竞价模式，将基数合约一部分电量作为现货竞价空间。在日前市场，机组申报全容量报价，调度机构在初始发电计划基础上，以购电费用最小化为优化目标，采用 SCED 算法进行集中优化计算，出清得到运行日的分时发电出力曲线和分时出清电价。在实时平衡市场，参与实时平衡市场的机组在有偿调峰基准功率以上的部分，以 5%额定容量为一档，申报上调价格和下调价格。调度机构按照交易标的物总调节成本最小原则按需、按序调用实时平衡资源。

福建省日前现货市场通过市场竞价产生价格信号，促进发电企业节能减排和降本增效，培育市场各方形成良好的公平竞争氛围。市场初期可再生能源及核电发电量、LNG 发电量在日前发电计划中优先出清。随着市场不断培育成熟，可逐步将可再生能源及核电发电量、LNG 发电量纳入市场。

日前市场开市前，如果火电企业可以获取中长期交易合约配对的市场电力用户用电曲线，则向电力调度和交易机构提交中长期交易合约的日电量分解曲线；如果火电企业无法获取配对的市场电力用户用电曲线，由电力调度机构按照标准负荷曲线对火电机组的日电量进行分解，并对分解的日电量进行电网安全校核，通过后自动优先出清，作为日前市场交易边界条件。

电力调度机构根据火电机组报价，以系统发电申报成本最小化为目标，在满足安全约束条件下进行市场出清，形成日前发电计划曲线。

福建省电力现货市场采用统一边际出清方式，交易周期内满足系统电力电量平衡的最后一台中标的机组报价作为该时段市场边际电价。因网络阻塞或机组自身原因导致出力受限的机组可设置为固定出力机组，不作为系统边际机组。

4. 山西省现货市场试点

山西省电力市场按照"统一市场、两级运作"的整体框架，以"集中式市场"为基本模式，以中长期交易为主、现货交易为补充。山西省电力市场包括中长期交易、现货交易与辅助服务交易。

现货交易包括日前、实时交易两种省内类型，以及日前、日内交易两种省间类型。辅助服务交易包括省内调频交易、省内风火深度调峰交易，并允许省内火电企业参与日前、日内华北区域跨省调峰交易。

在山西省内日前市场，发电侧报量报价，电力用户侧报量不报价，采取全电量优化方式，形成日前开机组合、机组发电计划曲线和分时边际电价，在省内日前市场预出清的基础上，参与省间日前交易。

在省内实时市场，根据日前封存的发电侧报价，进行市场滚动出清计算，形成各机组下一个 15min 的发电计划与分时电价。

省内现货市场预出清，确定省内机组开机方式和发电预计划，以平衡后的富余发电能力为交易空间，参与日前省间交易。日前省间交易为省内现货市场交易的边界条件，采取"分别报价、分别出清"的方式进行组织。

在省内风火深度调峰市场，采用火电企业调峰单向报价机制，分三档报价，按由低到高的顺序依次调用。省内风火深度调峰市场与现货市场联合优化、一体出清。

省内调频市场在机组组合确定后单独开展，采取集中竞价方式确定次日系统所需的调频机组序列。市场初期，发电机组不能同时参与省内调频市场和省内风火深度调峰市场。

当预计次日电网调峰能力不足、新能源消纳困难时，省内火电企业参与日前跨省调峰市场；当预计次日山西电网调峰能力满足新能源消纳需求时，省内火电企业可自主选择参与华北区域跨省调峰市场。

山西省电力现货电能量市场采用节点电价机制定价。发电侧按照机组所在节点的"节点电价"结算，电力用户侧按照发电侧加权平均节点电价结算。

5. 甘肃省现货市场试点

甘肃省电力市场初步规划了"中长期交易保障利益、现货交易发现价格，发电侧单边竞价、全电量出清"的第一阶段市场体系，保证市场建设有序推进。

日前现货市场采用集中竞价、统一出清的方式开展。水电和新能源特许权机组作为价格接受者参与日前现货市场，火电机组及剩余新能源场站参与日前现货市场。调度机构以全网购电成本最小化为目标，考虑机组和电网运行约束条件等，开展市场出清计算，出清形成次日开停机计划、次日机组发电计划曲线和分时、分区边际电价。若存在弃风弃光电量，新能源参与日前跨省、跨区富余可再生能源电力现货交易。

实时市场采用集中竞价、统一出清的方式开展。火电企业沿用日前市场的申报信息，水电和新能源场站在实时市场申报超短期发电预测，允许新能源场站（除特许权及扶贫机组外）依据超短期新能源发电预测对报价进行修改，以全网购电成本最小化为目标，考虑机组和电网运行约束条件等，以15min为间隔滚动出清未来15min至2h的价格和出力。

市场初期，发电侧按照分区电价进行结算，分区电价为该分区内最高的节点电价。

6. 山东省现货市场试点

山东省电力市场包括批发市场和零售市场。电力批发市场采用"电能量市场+辅助服务市场"的架构，电能量市场包含日以上周期的中长期电能量市场和采用全电量竞价的现货电能量市场，辅助服务市场包括集中竞价的调频辅助服务市场。

电力零售市场由售电企业与电力用户通过市场交易形成零售合同，签订零售合约的电力用户由售电企业代理参与电力现货电能量市场交易和中长期电能量市场交易。

山东省日前电能量市场采用全电量申报、集中优化出清的方式开展。在发电侧单边报价模式下，参与交易的发电企业申报量价曲线，电力用户、售电企业申报用电需求曲线，不申报价格。通过集中优化计算，出清形成运行日发电计划和分时节点电价。

实时市场采用基于日前封存的发电侧单边报价、全电量集中优化出清的方式，形成实时发电计划和实时节点电价。必要时，采用安全约束机组组合（SCUC）方法进行集中优化计算出清。

山东省电力现货电能量市场采用节点电价机制定价。发电侧按照机组所在节点的节点电价结算，电力用户侧按照发电侧加权平均节点电价结算。

7. 四川省现货市场试点

四川省电力市场包括省间市场和省内市场。省间市场包括省间中长期市场和省间现货市场（包括日前市场和实时市场），省内市场包括省内中长期电能量市场（电量以"差价合约"形式参与现货市场交易）、省内现货电能量市场、省内辅助服务市场，省内辅助服务市场交易品种包括火电短期备用辅助服务和 AGC 调频辅助服务市场。

参与四川省内现货市场竞价的发电企业在省内日前市场报量报价，在省内实时市场沿用日前市场申报价格。参与省内现货市场的电力用户、售电企业在省内日前市场中报量不报价。在省内日前市场，以全网购电成本最小化为目标进行出清。在省内实时市场，以全网购电成本最小化为目标，以"集中优化、统一出清"方式，在日前的机组组合基础上对未来1h进行优化出清。

省内实时市场出清后，富余水电电量再参与省间日内市场出清。

省内辅助服务市场与电能量市场分别优化，采用PAB（按报价结算）方式出清。

四川省内日前市场采用系统边际电价出清，以15min为一个交易时段，每日需出清次日96时段的系统边际电价，同时发布分区边际电价；省内实时市场每小时出清未来1h的系统边际电价（以15min为一个交易时段），同时形成分区边际电价。

8. 蒙西现货市场试点

蒙西电力市场采用中长期交易为主、现货交易为补充的市场架构。在中长期合同电量日分解的基础上，开展现货电能量交易，确保中长期交易合同的物理执行，同时通过现货交易形成市场化的电量电力平衡机制，提升运行效率。

中长期电能量交易包括电力直接交易，跨省、跨区交易和合同电量转让交易等，中长期电能量交易标的物包括基数电量和市场交易电量。

蒙西现货电能量交易包括日前电能量交易、日内电能量交易和实时电能量交易。现货电能量市场主要采用集中申报、统一出清的方式开展交易，通过优化计算得到机组开机组合、分时发电出力曲线及分时电价。

日前市场按日组织，采用"分段报价、集中出清"的方式，确定次日各市场主体运行方式及计划运行曲线。

日内市场在日前交易出清结果的基础上，优化各市场主体计划运行曲线，实现日内发用电计划滚动调整。

实时市场以日内交易出清的计划曲线为基础，以未来15min系统调节总成本最小化为目标，进行优化出清。

蒙西现货交易实行单一电量电价，通过集中竞价形成的系统边际电价作为市场电能量价格。

7.2.3 中长期市场与现货市场的衔接分析

我国中长期市场较为成熟，中长期市场电价变化频度不大，更多反映的是电煤平衡和电量平衡。而现货市场电价则可以是一日多变，主要反映的是电力供需平衡，是负荷曲线每一点的价值。

相对中长期市场，现货市场技术更加复杂，需要考虑的问题更多。中长期市场与现货市场衔接的一个基本原则是：中长期合同必须在签订的时候就确定曲线分解的方式。中长期市场为与现货市场配合与衔接，中长期交易合约将有以下几点变化：

（1）中长期交易合约将由现行的物理合约转变为差价合约，通过差价结算在日前市场中"多退少补"，起到锁定价格、规避风险的作用。

（2）中长期交易合约需要规定分解曲线，将合约电量分解到合约周期内的每个小时，各个小时的分解量将根据该小时的日前现货市场价格做差价结算。

（3）中长期交易合约需要规定结算参考点，以结算参考点的日前现货市场价格作为差价结算的依据。

7.3　可再生能源电力交易及前瞻

7.3.1 美国可再生能源配额制下的交易机制

美国是第一个实施可再生能源配额制的国家，也是实行可再生能源配额制较为成功的国家。目前已有 30 多个州依据资源、市场、政策背景制定并实施了可再生能源配额制，其市场机制呈现以下三方面特点：

（1）建立相对完善的可再生能源交易市场。美国实施可再生能源配额制的州建立了相应的可再生能源交易市场，通常称为绿色电力（简称"绿电"）交易市场，有强制市场和自愿市场两种形式。两种市场既可结合、相互关联运行，也可独立运行，两种市场的结合使绿电交易的市场进一步扩大。绿色电力证书（简称"绿证"）与电量的交易有捆绑和非捆绑两种方式，适用于不同的市场和不同需求的消费者。对于绿电强制交易市场，实施配额制的州多数都制定了相应的惩罚机制，对不能按时履约的责任主体进行一定的惩罚。

（2）交易市场提供灵活多样的采购途径。由于绿电的供应和获取渠道的多样化，美国绿电交易市场尤其是绿证自愿市场具有较高的灵活性。在美国电力市场获取绿电的途径主要包括公用事业绿色定价、公用事业绿色电费、竞价市场、自愿购电协议、非捆绑绿证市场、社区集中采购、社区太阳能、自行发电 8 种。尤其对于自愿市场，进行绿电购买的方式非常多样，在零售供应和制定项目供应两种渠道下，有不同的项目和合同方式可供选择，可满足各种消费者的不同需求。

（3）积极创造企业自愿采购绿电的环境。美国企业积极采购绿电背后的驱动因素多种多样，最主要的原因有：① 社会对减缓气候变化和环境保护的意识增强，许多企业、投资者和消费者对气候变化、可再生能源等议题的关注度和认知程度与日俱增，越来越多的企业设定了温室气体减排和可再生能源利用的目标，自愿采购绿电是众多企业兑现承诺的重要途径；② 可再生能源逐步成为成本控制有效的发电技术，近年来可再生能源发电成本大幅度降低，展现了良好的经济效益，美国采购绿电企业实际支付的成本比采购其他电力增加的成本有限，可以对冲未来能源价格波动带来的风险，通过建设分布式光伏等自行发电项目，企业可以使自身的电力来源多样化，打造更稳定、更具适应力的供电系统；③ GPP、REBA、RE100

等绿电采购合作平台发挥了积极的作用，通过提供专业的培训和指导、整合市场需求、为供需双方搭建桥梁，使企业采购绿电更加便捷。

7.3.2 国内可再生能源配额制有关背景

大规模可再生能源消纳一直都是世界性的难题，我国的可再生能源消纳问题具有明显特点：① 我国可再生能源装机容量快速发展，弃风、弃光的压力依旧存在；② 可再生能源以保障消纳为主，缺少市场化的激励手段，消纳和补贴压力持续增加；③ 我国提出2020、2030 年全国非化石能源占一次能源消费比率将分别达到 15%、20%。在多种因素共同作用下，我国可再生能源消纳的压力更加突出。

为缓解可再生能源消纳矛盾，实现能源消纳目标，国家拟引入可再生能源电力配额制，实现可再生能源的可持续发展，通过政策、法规等强制性手段在电力供给侧发电量或需求侧用电量中规定可再生能源比重要求，对未完成要求的主体予以处罚。

7.3.3 国内可再生能源配额制下的交易机制

2019 年 5 月 10 日，国家发展改革委、国家能源局联合印发《关于建立健全可再生能源电力消纳保障机制的通知》（发改能源〔2019〕807 号），明确按省级行政区域设定可再生能源电力消纳责任权重，建立健全可再生能源电力消纳保障机制。

发改能源〔2019〕807 号通知规定各省级行政区作为可再生能源电力消纳责任区域，并明确其可再生能源电力消纳责任权重，同时规定售电企业和批发交易电力用户作为可再生能源消纳责任协同承担主体，市场主体可以通过实际消纳可再生能源电力、购买可再生能源超额消纳量及购买绿证三种方式完成可再生能源电力消纳责任权重。

可再生能源配额制下的电力消纳责任权重，定义为可再生能源电力总量消纳责任权重和非水电可再生能源电力消纳责任权重两个品种。发改能源〔2019〕807 号明确了权重测算方法，开展消纳量测算、确定年度权重的责任主体和具体流程，发布各省 2018～2020 年最低可再生能源电力消纳责任权重和激励性消纳责任权重数值。

国务院能源主管部门组织有关机构，按年度对各省级行政区域的可再生能源消纳责任权重进行统一测算，各省级能源主管部门牵头落实消纳责任。电网企业负责组织可再生能源消纳责任权重实施，售电企业和在批发市场购电的电力用户在电网企业统一组织下协同承担消纳责任。

各承担消纳责任的市场主体以实际消纳可再生能源电量为主要方式完成消纳量，同时通过超额消纳量交易和认购绿证量完成消纳义务。各承担消纳责任的市场主体参与配额市场化交易时，应向电力交易中心做出履行消纳责任的承诺。

根据发改能源〔2019〕807 号通知要求，北京电力交易中心制定了《可再生能源电力超额消纳量市场化交易规则》，规定可再生能源电力超额消纳量市场化交易方式，建立统一规则、统一平台、统一运行方式的全国统一超额消纳量交易市场，在交易过程中利用区块链技术实现超额消纳量交易可追溯。

《可再生能源电力超额消纳量市场化交易规则》中的超额消纳量交易，是指承担可再生能源电力消纳责任权重的市场主体，为完成消纳量要求，向超额完成可再生能源电力消纳责任权重的市场主体购买其超额消纳量的交易。

市场主体购买并实际消纳可再生能源电量后，获得可再生能源电力消纳量，可分为水电消纳量和非水电消纳量。同时利用区块链技术，每 1MWh 消纳量生成 1 个可再生能源电力消纳凭证，具有唯一编码，对应可再生能源电量的电量类型、交易编号、交易时间、生产省份、消纳省份、输电通道等信息。

市场主体可通过绿证交易平台或可再生能源电力消纳权重支持

系统购买绿证，并计入消纳责任权重系统绿证账户，如图7-3所示。1个绿证等同1MWh非水电消纳量，参与消纳责任权重计算，但不能在超额消纳量市场中交易。

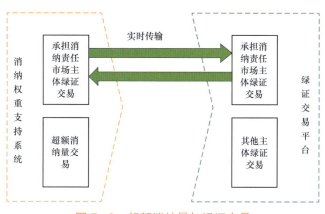

图7-3 超额消纳量与绿证交易

超额消纳量交易采用双边协商、集中竞价、挂牌和连续竞价方式开展，可分为水电超额消纳量交易和非水电超额消纳量交易，交易同时组织，交易品种、周期和方式一致。在市场运行初期，超额消纳量只允许交易一次，成交后不能再次出售。

超额消纳量交易包括省内交易和全国交易，省内交易由各省级电力交易中心组织，全国交易由北京、广州电力交易中心联合组织。在全国交易中，在自身消纳责任权重完成和本行政区消纳责任权重完成的前提下，市场主体可以向外省市场主体出售消纳量。

绿证交易全年连续开展，不限区域，采用可再生能源发电企业单边挂牌或双边协商交易方式，成交的绿证不允许再次出售。电力交易机构在消纳责任权重系统上组织开展绿证交易，与中国绿色电力证书认购交易平台实现信息同步。

在全国超额消纳量交易开始前，中国绿色电力证书认购交易平台将承担消纳责任权重的市场主体通过其平台购买绿证信息发送电力交易机构汇总。在全国超额消纳量交易组织期间，市场主体在中国绿色电力证书认购交易平台购买的绿证，定时同步至权重支持系统。

电力交易机构建立可再生能源电力消纳权重完成情况信息披露机制，按月发布各地区和各市场主体可再生能源电力消纳责任权重完成情况，指导市场主体完成可再生能源电力消纳责任权重。

超额消纳量交易资金结算利用电网企业现有银企直联通道开展。将电力交易机构银行账户作为交易资金结算账户，在各市场主体的可再生能源电力消纳责任权重账户下建立交易资金台账。市场主体将自有资金账户与交易资金结算账户进行绑定，通过可再生能源电力消纳责任权重系统向合作银行发出指令，完成资金在交易资金结算账户和市场主体自有资金账户之间的划入与划出。

每年核算完成后，电力交易机构发布年度各地区和各市场主体可再生能源电力消纳责任权重的完成情况，报送政府有关部门，同时提供给电网企业。

思考题

1. 考虑商品的交付日期、结算方式、可能与该交易有关的条件，市场主要分为几种类型？简述每种类型的特点。

2. 电力市场主要有哪四种运营模式？

3. 简要分析一下我国电力市场的情况，并指出我国目前是哪种模式？

4. 什么是辅助服务？辅助服务一般包括哪些？

5. 试述电能商品的特殊性，分析集中式现货市场在电力市场中存在的必要性。

参 考 文 献

[1] 国家电力监管委员会. 欧洲、澳洲电力市场 [M]. 北京：中国电力出版社，2006.

[2] 国家电力监管委员会市场监管部. 电力市场标准化设计和评价体系 [M]. 北京：中国电力出版社，2010.

[3] 国家发展改革委体改司. 电力体制改革解读 [M]. 北京：人民出版社，2015.

[4] 付蓉，王蓓蓓，李扬，等. 电网约束条件下基于古诺博弈的市场力分析 [J]. 华东电力，2007，35（05）：20-25.

[5] 李竹，庞博，李国栋，等. 欧洲统一电力市场建设及对中国电力市场模式的启示 [J]. 电力系统自动化，2017，41（24）：2-9.

[6] 肖云鹏，王锡凡，王秀丽，等. 面向高比例可再生能源的电力市场研究综述 [J]. 中国电机工程学报，2018，38（03）：663-674.

[7] 蒋宇，陈星莺，余昆，等. 考虑风电功率预测不确定性的日前发电计划鲁棒优化方法 [J]. 电力系统自动化，2018，042（019）：57-63，183.

[8] 冷喜武，陈国平，蒋宇，等. 智能电网监控运行大数据分析系统的数据规范和数据处理 [J]. 电力系统自动化，2018，42（19）：169-178.

[9] 张显，史连军. 中国电力市场未来研究方向及关键技术 [J]. 电力系统自动化，2020，44（16）：1-11.

[10] 谢开，张显，张圣楠，等. 区块链技术在电力交易中的应用与展望 [J]. 电力系统自动化，2020，44（19）：19-28.